凌苍莽·瞰紫微

陕西古塔实录

宋金元时期

陕西省文物保护研究院　西安建筑科技大学　编著

中国建筑工业出版社

凌苍莽·瞰紫微
陕西古塔实录

陕西省文物保护研究院

西安建筑科技大学　建筑学院建筑历史与理论教研室

图书在版编目（CIP）数据

凌苍莽·瞰紫微　陕西古塔实录.宋（金）元时期／陕西省文物保护研究院,西安建筑科技大学编著.—北京：中国建筑工业出版社,2016.1

ISBN 978-7-112-19022-5

Ⅰ.①凌…　Ⅱ.①陕…②西…　Ⅲ.①古塔－文化遗址－陕西省－辽宋金元时代　Ⅳ.①K878.6

中国版本图书馆CIP数据核字（2016）第008987号

责任编辑：戚琳琳　率　琦
责任校对：李欣慰　张　颖
设计制版：北京美光设计制版有限公司

凌苍莽·瞰紫微

陕西古塔实录［宋（金）元时期］

陕西省文物保护研究院
西安建筑科技大学　编著

*

中国建筑工业出版社出版、发行（北京西郊百万庄）
各地新华书店、建筑书店经销
北京美光设计制版有限公司制版
北京利丰雅高长城印刷有限公司印刷

*

开本：787×1092毫米　1/16　印张：13¼　字数：433千字
2016年7月第一版　2016年7月第一次印刷
定价：108.00元
ISBN 978-7-112-19022-5
（28296）

版权所有　翻印必究
如有印装质量问题，可寄本社退换
（邮政编码100037）

本书编委会

主 任
赵 荣

副主任
郭宪曾　罗文利　刘永宁　周魁英
齐高泉　呼林贵　赵 强

委 员
李 斌　张 进　王继源　马 涛
王保平　韩建武

主 编
赵 强　韩建武

执行主编
张 炜　林 源　谷瑞超

副主编
岳岩敏　喻梦哲　雒 咸　张文波

编 者
岳岩敏　张文波　申佩玉　田增涛
王 展

文献整理
林 溪

绘 图
喻梦哲　曾 欣　申佩玉　黄思达
李双双　李宛儒　夏 楠

前言

据说，弟子问佛，涅槃以后，如何才能表达对他的虔诚与孝意？佛一言未发。将身上的方袍平铺在地，然后倒扣缘钵，覆钵上竖起锡杖。于是便出现了塔的雏形。佛祖释迦牟尼涅槃以后，弟子们把他的遗体火化，遗骨在火光之中凝结成了五彩斑斓、击之不碎的结晶物，称作舍利子。当时印度有八个国王各得了一份，于是建塔供养了起来。

塔，梵文称作 Stupa，在古代的印度就是坟冢的意思。孝道是中国传统社会十分重要的道德规范，也是中华民族尊奉的传统美德。在中国传统道德规范中，孝道具有特殊的地位和作用，那么可以说塔的内涵正与中国孝的理念相合。这大概就是中国古塔大兴的原因之一吧！

有塔的地方就有精神。在千年风雨的侵蚀中，历次灭佛的磨难中，在季节往返的轮回里，与古塔唇齿相依的寺庙建筑多已不复存在，有些还有断壁残垣依稀可见，唯独寺塔巍然不倒。古塔的建造也正因为有一种信仰和感情寄托，很难想象一群有懈怠行为和没有敬畏思想的人能构建出如此精美坚固的建筑，从建造之日起它就被赋予了生命，注入了精神。

不管是方形、六角形、还是八角形、圆形；无论从哪个角度，怎样审视，你都会发现塔的美，既像是沉静的隐士，又像卓尔不群的智者，静静地、肃穆地、以亘古不变的姿态守望着脚下这片古老的土地。静观世界，任惊涛骇浪，阅尽天地间悲欢离合，人世沧桑。有塔的地方就有美，或壮美，或奇美，或凄美……

有塔的地方就有乡愁，它沉淀着近千年的历史文化；有塔的地方就有历史，有塔的地方就有文化，有塔的地方就令人向往；有塔的地方，塔就是这个地方的标志。当郑和船队抵达的海外第一站占城国新洲亦即今天越南的归仁时，据跟随郑和船队出海的马欢所作的航海记录载，船队在归仁登岸之前望见岸上有石塔。那一刻，郑和与他的战友们在经过长达数月的海上航行，船上的人们狂喜之后一定还有一种亲切，也许他们还恍惚间有了到家的感觉。

千年古塔，几多辉煌，几多落寞，几多坚强。那坚硬的石块、强韧的青砖、厚重的黄土，远在时空的那边，近在观者的眼前。它坚守着自己的使命，执着、淡定、从容……

陕西是一个遍布塔的地方，自然而然，陕西是一个有精神、有美、有文化、记得住乡愁的地方。

总 释

1. 本书的调查研究对象是陕西省现存的列入全国重点文物保护单位和陕西省文物保护单位名单的塔。对部分明、清和民国时期市（县）级文物保护单位与未列入保护名单的塔的调查收录在"附表三：陕西省市（县）级保护单位和未列入保护单位名单的塔"中。
2. 本书包括调查研究和资料汇编两大部分，其中有文献（历史文献和研究资料）、测绘图纸、维修大事记、附属文物一览与历史图像，最后为附录。
   资料汇编部分辑录的历史文献，在收入本书时均再次进行了校核；研究资料为原文录入，除校正了其中可准确判定的错别字外，未做任何改动。
3. "陕西现存古塔基本信息表"中各塔的分类号是按照"保护级别及公布批次－保护单位公布名单中编号－年代－地点－名称"编制的，如G1-63-唐－西安－大雁塔（G1指第一批全国重点文物保护单位，大雁塔在国保单位公布名单中的编号为63，时代为唐，位于西安），S5-90-唐－咸阳－悟空禅师塔（S5指第五批陕西省文物保护单位，悟空禅师塔在省保单位公布名单中的编号为90，时代为唐，位于咸阳）。序号是按照文物保护单位公布的时间先后排列的。
4. "陕西现存古塔基本信息表"中塔的统计数量以"处"为单位，因有双塔、三塔和塔林（群）等几种情况，故此数量不等于塔的实际数目。如隋唐时期有塔21处，其中华严寺塔一处为双塔，兴教寺塔一处为三塔，故陕西隋唐时期的塔共有24座。
5. 根据外观形式和结构做法，陕西省内现存古塔可分为以下六种基本类型：

   楼阁式塔： 形式上模仿木构楼阁，一般做出柱、枋、斗栱、椽及门窗等仿木结构，多可登临远眺。在结构上有单壁中空，实心以及底层空心、二层以上实心三种做法。
   密檐式塔： 形式特点为塔身底层高度远大于其上各层，自二层起各层塔身高度骤减，形成层层檐口密接、自下而上收分圆和外形轮廓。在结构上有单壁中空，实心，密檐式楼阁以及底层空心、二层以上实心三种做法。其中的单壁中空密檐式塔，内部设有楼板，可登临，但塔身的楼层数少于塔檐的层数；密檐式楼阁塔也是单壁中空，内部设有楼板，塔身的楼层数与塔檐的层数内外一致。
   喇嘛塔： 由基座、塔肚、塔脖子和塔刹四部分组成。各组成部分形式丰富多样，塔肚是塔体中的主体部分，体现喇嘛塔的典型特征。目前陕西省现存最早的喇嘛塔是明代的。
   多宝塔： 为石质实心塔，也称七宝塔。塔身呈突出的圆鼓状，象征"窣堵坡"，多为2层。
   五轮塔： 为石质实心塔，体型相对较小。塔身为圆球状，其上置塔檐和塔刹。塔身形式简练，塔檐仿木构建筑的屋顶形式，塔刹短小。
   幢式塔： 为石质实心塔，体型较小。由台基、基座、幢身、腰檐和幢顶等部分组成，幢身刻《陀罗尼经》。主要用作经塔，也有用作墓塔的。

目录

前言

总释

第一部分 概述 1

第二部分 宋（金）元古塔（960～1368年） 11
第1章 宋（金）元古塔调查研究 13
第2章 宋（金）元古塔资料汇编 81

参考文献 191

附录 192

后记 203

第一部分
概　述

陕西位于中国的西部，占据着中西交通线上的重要位置。西汉时期，这里是丝绸之路的起点；东汉时期，是西域通往洛阳的重要通道；隋唐时期，是中国政治经济文化的中心；宋代是巩固西北边塞的军事要地与军事交通枢纽；明代又是巩固北方边防的前沿之地。正因其特殊的地理位置与历史文化背景，陕西境内的文物古迹数量之多、类型之丰富在全国位居前列。其中，陕西地区的古塔在全国各省区的现存古塔中价值与特征都较为突出，不仅数量众多、类型多样，其形制、特征亦丰富而鲜明。在材料方面，砖、石、木、土、铁、琉璃等一应俱有。

1. 保护级别

截至 2014 年年底，根据田野调查，与全国重点文物保护单位名单（第一～七批）、陕西省文物保护单位名单（第一～六批）以及陕西省第三次全国文物普查资料统计，陕西省内已发现的古塔共计二百五十二处，其中已公布为全国重点文物保护单位的塔四十二处、公布为省级文物保护单位的塔三十七处、市（县）级文物保护单位和未评定保护级别的塔一百七十三处，分别占总数的 16.7%、14.7% 和 68.6%。

陕西省现存各保护级别古塔数量统计表 表 1.1

序号	保护级别	数量（处）	备注
1	全国重点文物保护单位	42	其中有 1 处双塔（长安华严寺塔：杜顺禅师塔和清凉国师塔）
2	陕西省文物保护单位	37	其中有 1 处双塔（东龙山双塔） 4 处塔林（延安砖塔群，8 座塔；八卦寺塔林，3 座塔；龙泉寺塔林，11 座塔；洛川土塔群，12 座塔）
3	市（县）文物保护单位未列入保护单位	173	
	合计	252	

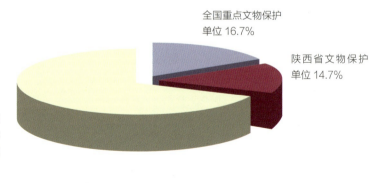

图 1.1　陕西省现存各保护级别古塔数量饼图

2. 地区（10个）

陕西省包括西安、咸阳、宝鸡、渭南、铜川、汉中、安康、商洛、延安、榆林十个地区，其中国保级的塔和省保级的塔在这十个地区内的分布情况如下表所示：

陕西各地区现存古塔数量统计表　　　　　　表1.2

序号	地区	数量（处）	备注
1	西安	16	包括1处双塔（长安华严寺塔：杜顺禅师塔和清凉国师塔）
2	咸阳	12	
3	宝鸡	3	
4	渭南	17	
5	铜川	5	
6	汉中	5	
7	安康	5	
8	商洛	2	包括1处双塔（东龙山双塔）
9	延安	12	包括4处塔林
10	榆林	2	
	合计	79	

其中，西安地区现存有国保级别的塔十二处、省保四处；咸阳地区有国保七处、省保五处；宝鸡地区有国保两处、省保一处；渭南地区有国保十处、省保七处；铜川地区有国保三处、省保两处；汉中地区有国保两处、省保三处；安康地区有省保五处；商洛地区有省保两处；延安地区有国保五处、省保七处；榆林地区有国保一处、省保一处。西安、渭南、咸阳、延安、安康几个地区塔的数量相对较多。

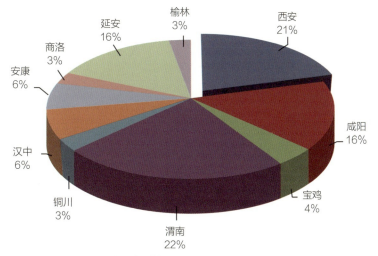

图1.2　陕西各地区现存古塔数量饼图

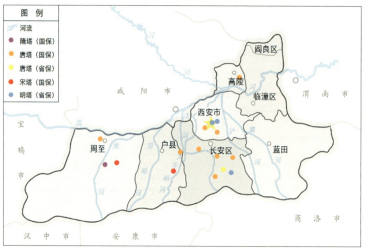

图1.3 西安市现存古塔分布图

陕西各地区列入国保与省保名单的古塔分布信息表　　　表1.3

序号	分类号	名称	保护级别	时代	地点
西安地区					
1	G1-63-唐-西安-大雁塔	大雁塔	国保	唐	西安市雁塔区
2	G1-64-唐-西安-小雁塔	小雁塔	国保	唐	西安市碑林区
3	G1-67-唐-西安-兴教寺塔	兴教寺塔	国保	唐	西安市长安区
4	G4-80-隋-西安-仙游寺法王塔	仙游寺法王塔	国保	隋	西安市周至县
5	G5-414-唐-西安-鸠摩罗什舍利塔	鸠摩罗什舍利塔	国保	唐	西安市户县
6	G5-418-唐-西安-香积寺善导塔	香积寺善导塔	国保	唐	西安市长安区
7	G5-421-唐-西安-八云塔	八云塔	国保	唐	西安市周至县
8	G6-770-唐-西安-长安圣寿寺塔	长安圣寿寺塔	国保	唐	西安市长安区
9	G6-771-唐-西安-长安华严寺塔	长安华严寺塔	国保	唐	西安市长安区
10	G6-773-唐-西安-昭慧塔	昭慧塔	国保	唐	西安市高陵县
11	G6-775-宋-西安-大秦寺塔	大秦寺塔	国保	宋	西安市周至县
12	G7-1423-宋-西安-敬德塔	敬德塔	国保	宋	西安市户县
13	S2-246-明-西安-宝庆寺塔	宝庆寺塔	省保	明	西安市碑林区
14	S4-319-唐-西安-二龙塔	二龙塔	省保	唐	西安市长安区
15	S6-90-明-西安-万寿寺塔	万寿寺塔	省保	明	西安市新城区
16	S6-91-明-西安-天池寺塔	天池寺塔	省保	明	西安市长安区

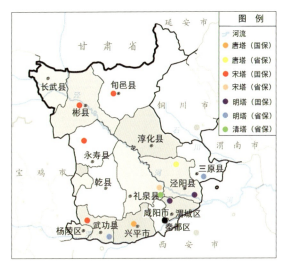

图 1.4 咸阳市现存古塔分布图

图 1.5 宝鸡市现存古塔分布图

续表

序号	分类号	名称	保护级别	时代	地点
		咸阳地区			
1	G5-417-北宋-咸阳-泰塔	泰塔	国保	北宋	咸阳市旬邑县
2	G5-422-明-咸阳-泾阳崇文塔	泾阳崇文塔	国保	明	咸阳市泾阳县
3	G5-423-宋-咸阳-彬县开元寺塔	彬县开元寺塔	国保	宋	咸阳市彬县
4	G6-777-宋-咸阳-武陵寺塔	武陵寺塔	国保	宋	咸阳市永寿县
5	G7-1416-唐-咸阳-清梵寺塔	清梵寺塔	国保	唐	咸阳市兴平
6	G7-1417-宋-咸阳-报本寺塔	报本寺塔	国保	宋	咸阳市武功县
7	G7-1437-明-咸阳-北杜铁塔	北杜铁塔	国保	明	咸阳市渭城区
8	S2-267-明-咸阳-中王堡木塔	中王堡木塔	省保	明	咸阳市三原县
9	S3-272-宋-咸阳-香积寺塔	香积寺塔	省保	宋	咸阳市礼泉县
10	S3-273-清-咸阳-金龟寺普通塔	金龟寺普通塔	省保	清	咸阳市礼泉县
11	S5-89-明-咸阳-寺背后塔	寺背后塔	省保	明	咸阳市武功县
12	S5-90-唐-咸阳-悟空禅师塔	悟空禅师塔	省保	唐	咸阳市泾阳县
		宝鸡地区			
1	G6-776-宋-宝鸡-太平寺塔	太平寺塔	国保	宋	宝鸡市岐山县
2	G7-1413-唐-宝鸡-净光寺塔	净光寺塔	国保	唐	宝鸡市眉县
3	S6-111-清-宝鸡-漳峰塔	漳峰塔	省保	清	宝鸡市扶风县

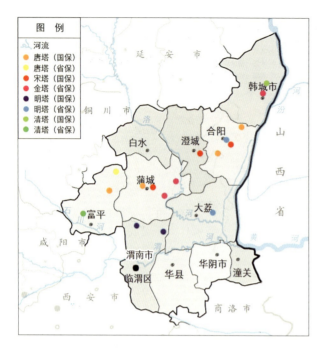

图1.6 渭南市现存古塔分布图

续表

序号	分类号	名称	保护级别	时代	地点
		渭南地区			
1	G5-427-清-渭南-党家村文星阁	党家村文星阁	国保	清	渭南市韩城
2	G6-769-宋-渭南-精进寺塔	精进寺塔	国保	宋	渭南市澄城县
3	G6-772-唐-渭南-百良寿圣寺塔	百良寿圣寺塔	国保	唐	渭南市合阳县
4	G6-789-明-渭南-庆安寺塔	庆安寺塔	国保	明	渭南市临渭区
5	G7-1411-唐-渭南-法源寺塔	法源寺塔	国保	唐	渭南市富平县
6	G7-1412-唐-渭南-慧彻寺南塔	慧彻寺南塔	国保	唐	渭南市蒲城县
7	G7-1415-唐-渭南-罗山寺塔	罗山寺塔	国保	唐	渭南市合阳县
8	G7-1419-宋-渭南-崇寿寺塔	崇寿寺塔	国保	宋	渭南市蒲城县
9	G7-1421-宋-渭南-大象寺塔	大象寺塔	国保	宋	渭南市合阳县
10	G7-1434-明-渭南-慧照寺塔	慧照寺塔	国保	明	渭南市临渭区
11	S3-292-明-渭南-金龙寺塔	金龙寺塔	省保	明	渭南市大荔县
12	S4-335-唐-渭南-万斛寺塔	万斛寺塔	省保	唐	渭南市富平县
13	S5-106-金-渭南-海源寺塔	海源寺塔	省保	金	渭南市蒲城县
14	S5-108-金-渭南-常乐宝塔	常乐宝塔	省保	金	渭南市蒲城县

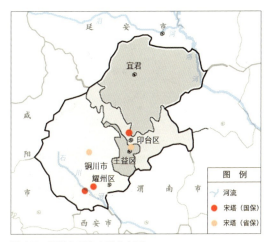

图1.7 铜川市现存古塔分布图

图1.8 汉中市现存古塔分布图

续表

序号	分类号	名称	保护级别	时代	地点
15	S6-95-清-渭南-赳赳寨圆觉寺塔	赳赳寨圆觉寺塔	省保	清	渭南市韩城
16	S6-104-清-渭南-圣佛寺塔	圣佛寺塔	省保	清	渭南市富平县
17	S6-105-明-渭南-合阳千金塔	合阳千金塔	省保	明	渭南市合阳县
		铜川地区			
1	G6-778-宋-铜川-神德寺塔	神德寺塔	国保	宋	铜川市耀州区
2	G7-1420-宋-铜川-重兴寺塔	重兴寺塔	国保	宋	铜川市印台区
3	G7-1425-宋-铜川-延昌寺塔	延昌寺塔	国保	宋	铜川市耀州区
4	S5-123-宋-铜川-柏树塬塔	柏树塬塔	省保	宋	铜川市耀州区
5	S5-125-宋-铜川-兴元寺塔	兴元寺塔	省保	宋	铜川市王益区
		汉中地区			
1	G6-774-唐-汉中-开明寺塔	开明寺塔	国保	唐	汉中市洋县
2	G7-1426-宋-汉中-汉中东塔	汉中东塔	国保	宋	汉中市汉台区
3	S5-137-清-汉中-周子垭至宝塔	周子垭至宝塔	省保	清	汉中市镇巴县
4	S6-149-清-汉中-略阳南山塔	略阳南山塔	省保	清	汉中市略阳县
5	S6-150-明-汉中-勉县万寿塔	勉县万寿塔	省保	明	汉中市勉县

图 1.9 安康市现存古塔分布图

图 1.10 商洛市现存古塔分布图

续表

序号	分类号	名称	保护级别	时代	地点
安康地区					
1	S4-350-清-安康-文峰塔	文峰塔	省保	清	安康市汉阴县
2	S5-144-清-安康-三佛洞舍利塔	三佛洞舍利塔	省保	清	安康市平利县
3	S5-150-明-安康-古鉴大士灵塔	古鉴大士灵塔	省保	明	安康市岚皋县
4	S6-139-明-安康-羊山东宝塔	羊山东宝塔	省保	明	安康市旬阳县
5	S6-143-清-安康-紫阳报恩寺塔	紫阳报恩寺塔	省保	清	安康市紫阳县
商洛地区					
1	S5-154-明-商洛-东龙山双塔	东龙山双塔	省保	明	商洛市商州区
2	S6-117-宋-商洛-丰阳塔	丰阳塔	省保	宋	商洛市山阳县
延安地区					
1	G4-80-宋-延安-岭山寺塔	岭山寺塔	国保	宋	延安市宝塔区
2	G7-1414-唐-延安-开元寺塔	开元寺塔	国保	唐	延安市富县
3	G7-1418-宋-延安-柏山寺塔	柏山寺塔	国保	宋	延安市富县
4	G7-1422-宋-延安-福严院塔	福严院塔	国保	宋	延安市富县
5	G7-1424-宋-延安-万凤塔	万凤塔	国保	宋	延安市洛川县
6	S3-284-明-延安-琉璃塔	琉璃塔	省保	明	延安市宝塔区
7	S3-288-宋-明-延安-砖塔群	砖塔群	省保	宋~明	延安市志丹县
8	S3-287-明-延安-盘龙寺石塔	盘龙寺石塔	省保	明	延安市志丹县
9	S3-286-明-延安-普同塔	普同塔	省保	明	延安市子长县

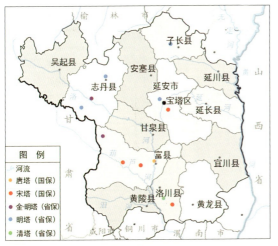

图 1.11 延安市现存古塔分布图

图 1.12 榆林市现存古塔分布图

续表

序号	分类号	名称	保护级别	时代	地点
10	S4-339-金~明-延安-八卦寺塔林	八卦寺塔林	省保	金~明	延安市富县
11	S4-340-明-延安-龙泉寺塔林	龙泉寺塔林	省保	明	延安市志丹县
12	S5-164-清-延安-洛川土塔群	洛川土塔群	省保	清	延安市洛川县
		榆林地区			
1	G7-1428-元-榆林-鸿门寺塔	鸿门寺塔	国保	元	榆林市横山县
2	S5-177-明-榆林-凌霄塔	凌霄塔	省保	明	榆林市榆阳区

3. 时代

陕西现存古塔的时代,上自隋、唐,下迄民国,隋唐时期的塔有二十一处,宋塔有二十三处,金塔有四处,元塔有一处、明塔有二十处、清塔有十处。

陕西现存各时代古塔数量统计(仅包含列入国保和省保名单的塔)　　　　表 1.4

数量(处)	西安	咸阳	宝鸡	渭南	铜川	汉中	安康	商洛	延安	榆林	合计
隋、唐	11	2	1	5		1			1		21
宋	2	5	1	3	5	1		1	5		23
元										1	1
金				3					1		4
明	3	4		4		1	2	1	4	1	20
清		1		2		2	3		1		10
合计	16	12	11	17	5	5	5	2	12	2	79

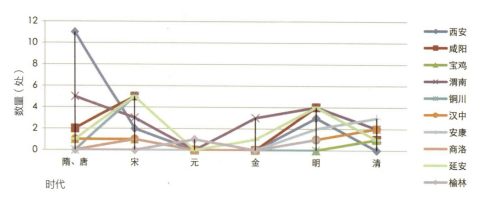

图 1.13　陕西各地区现存古塔时空分布图

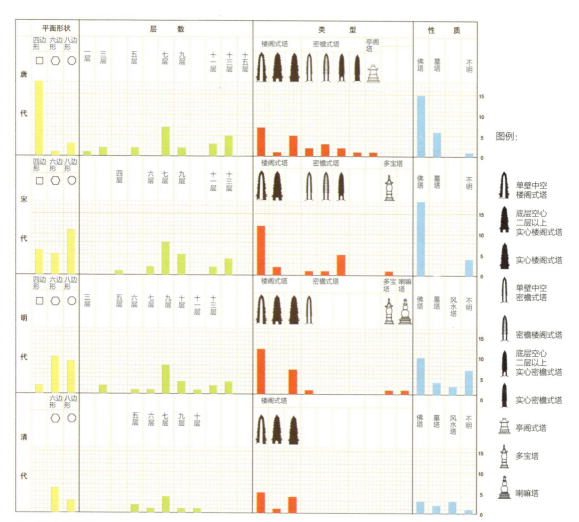

注：列入表中的唐塔数目为 22 座（兴教寺塔包含 3 座塔，华严寺双塔中仅杜顺禅师塔为唐塔，故唐塔总数为 22 座）；宋塔数目为 22 座；明塔数目为 20 座（平面形状此项中不计入喇嘛塔）；清塔数目为 9 座；各时代塔林、塔群均不列入此表统计数目。

图 1.14　陕西现存古塔形制特征信息统计

第二部分
宋（金）元古塔（960～1368年）

第 1 章
宋（金）元古塔调查研究

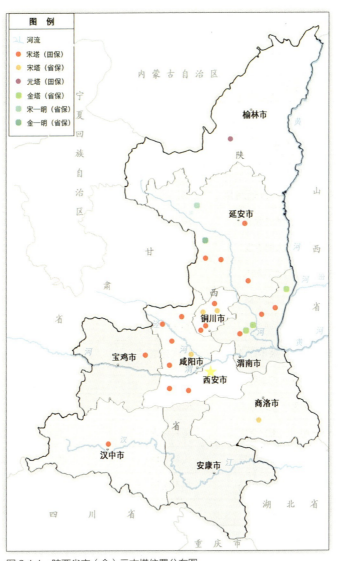

图 2.1.1　陕西省宋（金）元古塔位置分布图

陕西现存宋（金）元时期古塔研究

根据已公布的全国重点文物保护单位名单（第一~七批）和陕西省文物保护单位名单（第一~六批），陕西省现存的宋（金）元时期的古塔共二十八处，其中国保单位十九处、省保单位九处。

两宋时期佛教发展、兴盛，佛塔大量建造；金代也兴建了大量的佛寺，大多数寺院均建有佛塔，但陕西地区保存到今天的古塔数量非常有限，仅有四处，其中延安富县八卦寺塔林始建于金，陆续增建直至明代；元代佛教依然盛行，但陕西地区保留至今的元代佛塔仅有榆林横山鸿门寺塔一座。

陕西现存宋（金）元时期古塔基本信息表　　　　表 2.1.1

序号	分类号	名称	保护级别	地点
		宋		
1	G4-10-宋-延安-岭山寺塔	岭山寺塔	国保	延安市宝塔区
2	G5-417-北宋-咸阳-泰塔	泰塔	国保	咸阳市旬邑县
3	G5-423-宋-咸阳-彬县开元寺塔	彬县开元寺塔	国保	咸阳市彬县
4	G6-769-宋-渭南-精进寺塔	精进寺塔	国保	渭南市澄城县
5	G6-775-宋-西安-大秦寺塔	大秦寺塔	国保	西安市周至县
6	G6-776-宋-宝鸡-太平寺塔	太平寺塔	国保	宝鸡市岐山县
7	G6-777-宋-咸阳-武陵寺塔	武陵寺塔	国保	咸阳市永寿县
8	G6-778-宋-铜川-神德寺塔	神德寺塔	国保	铜川市耀州区
9	G7-1417-宋-咸阳-报本寺塔	报本寺塔	国保	咸阳市武功县
10	G7-1418-宋-延安-柏山寺塔	柏山寺塔	国保	延安市富县
11	G7-1419-宋-渭南-崇寿寺塔	崇寿寺塔	国保	渭南市蒲城县
12	G7-1420-宋-铜川-重兴寺塔	重兴寺塔	国保	铜川市印台区
13	G7-1421-宋-渭南-大象寺塔	大象寺塔	国保	渭南市合阳县
14	G7-1422-宋-延安-福严院塔	福严院塔	国保	延安市富县
15	G7-1423-宋-西安-敬德塔	敬德塔	国保	西安市户县
16	G7-1424-宋-延安-万凤塔	万凤塔	国保	延安市洛川县
17	G7-1425-宋-铜川-延昌寺塔	延昌寺塔	国保	铜川市新区

续表

序号	分类号	名称	保护级别	地点
18	G7-1426-南宋-汉中-汉中东塔	汉中东塔	国保	汉中市汉台区
19	S3-276-宋~明-延安-砖塔群	砖塔群	省保	延安市志丹县
20	S3-279-宋-咸阳-香积寺塔	香积寺塔	省保	咸阳市礼泉县
21	S5-392-宋-铜川-柏树塬塔	柏树塬塔	省保	铜川市耀州区
22	S5-394-宋-铜川-兴元寺塔	兴元寺塔	省保	铜川市王益区
23	S6-124-宋-商洛-丰阳塔	丰阳塔	省保	商洛市山阳县
金				
24	S4-328-金-明-延安-八卦寺塔林	八卦寺塔林	省保	延安市富县
25	S5-375-金-渭南-海源寺塔	海源寺塔	省保	渭南市蒲城县
26	S5-377-金-渭南-常乐宝塔	常乐宝塔	省保	渭南市蒲城县
27	S6-102-金-渭南-赳赳寨塔	赳赳寨塔	省保	渭南市韩城
元				
28	G7-1428-元-榆林-鸿门寺塔	鸿门寺塔	国保	榆林市横山县

注：表中同一时代各塔按照文物保护单位公布时间的先后排序。

1. 延安岭山寺塔

图 2.1.3 延安岭山寺塔（正北方向）

图 2.1.2 延安岭山寺塔位置图

1.1 概况

岭山寺塔，通称延安宝塔，始建于唐代宗大历年间（766～779年）[1]，明清时期被称为"古塔"。1956年公布为陕西省文物保护单位（第一批），1996年公布为全国重点文物保护单位（并入第一批国保单位"延安革命遗址"）。

塔位于延安市宝塔区，市中心东南一公里处的宝塔山上（图2.1.2）。1937年1月13日，中共中央以延安为革命根据地以后即有了"延安宝塔"之称，塔遂成为延安的标志，革命圣地的象征。宝塔山原称嘉岭山，因"延安宝塔"现通常称作宝塔山，位于延安城东部、延河之滨，隔延河、南川河与西北清凉山、西南凤凰山相望，是延安城的东南屏障，在山上可鸟瞰整个延安城区。国道210由南而北从宝塔山下经过，西延铁路从宝塔山下隧道通过。

岭山寺塔曾于宋仁宗庆历年间（1041～1048年）重建，金世宗大定九年（1169年）和明万历三十六年（1608年）修缮[2]。至新中国成立初年保存情况甚差。1959年，进行全面维修，1984年再次进行了全面维修（详见附表"维修大事记"）。

目前岭山寺塔因曾受地震影响塔体整体向东北方向错位偏移。其他问题有：塔身一层塔壁严重风化、灰浆流失；塔檐和塔刹部位均有杂草生长；天宫内部渗水；塔基周边散水外侧缺少落水口，雨后积水严重；台明、散水铺砖局部破碎等（图2.1.3）。

---

1. [清]刘于义等监修.《陕西通志·卷十》："嘉岭山，在肤施县东南百八十步南河之滨。宋吕惠卿《筑四堡记》：熙宁十年帅延，因时游观，南上嘉岭。《通志》：形势高峻，上有古塔。范仲淹大书'嘉岭山'三字刻于石。隋志有丰林山，应即此。塔唐时所建，塔内有金世所铸钟。"（秦汉时，延安属上郡，肤施即今天延安市宝塔区）
2. [清]刘于义等监修.《陕西通志·卷二十八》："岭寺，在府南一里嘉岭山上，金大定九年建有塔，明万历三十六年修。"

1.2 形制特征

岭山寺塔为楼阁式空心砖塔，平面为正八边形，底层边长4.6米；塔为9层，塔身通高44米。底层塔身高9.5米，第二～四层高度相同，第五～八层高度逐层递减，第九层高度与第八层相同。从第三层开始塔身各层面阔收分甚为明显（图2.1.4～图2.1.6）。

塔底层南北面各辟有一个券门，北券门宽1.3米、高2.4米，门额上题"俯视红尘"四字；南券门宽1.6米、高3.4米，门额上题"高超碧落"四字。两券门上均用砖做仿木结构垂花门头[3]，由垂花柱、斗栱和方椽出檐组成。由底层北面的券门可进入塔心室，天花用平砖叠涩成八角攒尖式样。底层塔壁内设有砖砌楼梯，可登至二层，第二层以上塔身为单壁中空，改为木梯，可登至顶层。

塔身各层均为素面，无装饰。底层开券门，其余各层开券窗。第二～八层共辟九个券窗：第二层东面辟券窗，西面辟假券窗；第三层西面辟券窗；第四层南、北两面辟券窗；第五层北面辟券窗；第六层西面辟券窗；第七层南面辟券窗；第八层北面辟券窗；第九层四面辟券窗。

塔身各层间做叠涩出檐，檐口为仿木结构，隐砌出单排方椽。檐下叠涩由两层平砖和一层45°菱角牙子、再加一层平砖和一层花砖组成，再上数层平砖叠涩出檐，檐口为仿木结构，隐砌出单排方椽。塔顶用21层平砖叠涩成八角攒尖，塔刹已毁。

> 3. 垂花柱头涂以明黄色，垂花柱及额枋涂以朱色，其余部分为蓝色，或为后代修建时所绘，无资料可考。

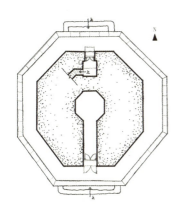 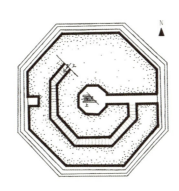 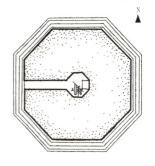

图 2.1.4　延安岭山寺塔底层平面图　　图 2.1.5　延安岭山寺塔第二层平面图　　图 2.1.6　延安岭山寺塔第三层平面图

2. 咸阳旬邑泰塔

图2.1.8 咸阳旬邑泰塔（西北方向）

图 2.1.7 咸阳旬邑泰塔位置图

2.1 概况

旬邑泰塔，又名旬邑宝塔，位于咸阳市旬邑县城泰塔路旬邑中学院内（图2.1.7）。2001年公布为全国重点文物保护单位（第五批）。

泰塔始建于唐[1]，1957年维修时在塔身第六层发现一块砖刻题记，上有"嘉祐四年正月中建"字迹，据此知塔建于北宋仁宗嘉祐四年（1059年），这个时间应是重建的时间。明万历年间曾修葺。清顺治年间经历过地震，未受损。1957～1958年，泰塔进行了大规模的维修与加固，当时泰塔已残破不堪，且塔顶向东北方向偏离中心点达1.978米；1998年又处理了塔基（详见"维修大事记"）。现在的泰塔主要有各层檐口及塔顶漏水，顶层内部面砖大面积酥碱、呈片状脱落，以及砖与砖之间砂浆严重散落等问题。

2.2 形制特征

泰塔为楼阁式空心砖塔，平面为正八边形，底层对径12米；7层，塔身通高53米（图2.1.8）。

塔底层高度较大，北面辟有券门，其他各面为素面；从第二层往上，各层高度与面阔均逐层递减，各层每面正中相间辟有券门或长方形假门，第三、五、七层于正东、南、西、北四面对开券门，其余四面设假门，第二、四、六层券门与假门交错设置。券门和假门两侧均设假的槛窗，券门两侧隐砌直棂槛窗，假门两侧隐砌菱格毬纹槛窗。

自第二层以上塔身每面以砖隐砌出倚柱、阑额、斗栱及平坐栏杆。塔身每面有四根倚柱（含两角柱），将塔身每面分为三开间，当心间

---

1. 《三水县志》记载："泰塔在城隅，高十五丈，七级八角二十四窗。"又载："唐吐蕃入寇，塔经火焚，积久损伤，塔遂东斜。万历年，县人文运开葺之，顺治甲午六月十日，地震仍端正如初，辛亥旧屯厅沈光禧闻其胜□，捐资筑垣，邑人庶因重修焉。"北宋时旬邑属邠州，称为三水县。

面阔远大于次间。当心间为券门或长方形假门，次间为直棂假槛窗或菱格纹假槛窗。倚柱平面为八边形，柱身外露约三分之一。柱头铺作为五铺作双杪偷心造，当心间用五铺作双杪偷心造补间铺作一朵；平坐栏杆只起装饰作用，望柱上隐刻出柱头，华版为万字纹。栏杆环绕塔身，在对应券门处断开；平坐下隐砌单排仿木方椽，下用"连出双杪"，位置与柱头、补间铺作上下对应（图2.1.9、图2.1.10）。

塔身各层间做叠涩出檐，檐部做法自下而上依次为一层平砖和一层45°菱角牙子加两层平砖和一层45°菱角牙子再加三层平砖，共计八层；檐口隐砌仿木双排椽头，下排为圆椽，上排为方椽，并仿做瓦当、瓦垄与滴水。塔身各层转角处均有石雕螭首，伸展而出，系挂风铎。

塔内每层均铺设木质楼板，沿塔内壁设有木楼梯转折而上，可登至塔顶。塔顶用平砖叠涩成八角攒尖顶，塔刹为石雕宝瓶式[2]。东南西北四个方向的脊上安设有四个铸铁的跪坐小人，面朝上方，用铁链与塔刹相连，用以固定塔刹[3]（图2.1.11）。

2. 塔刹为20世纪50年代整修时所加。
3. 从北魏开始塔上设辅助固定塔刹的铁链，此做法一直延续到清代，一般凡金属塔刹都有铁链。据此推测旬邑泰塔原塔刹或为铁质。

图2.1.9 咸阳旬邑泰塔第三层塔身（西北方向）

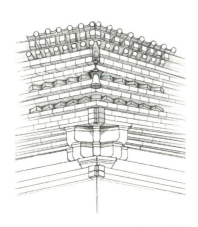

图2.1.10 咸阳旬邑泰塔底层檐口大样图

图2.1.11 咸阳旬邑泰塔塔顶铁链及跪坐铁人

3. 咸阳彬县开元寺塔

图 2.1.12　咸阳彬县开元寺塔位置图

图 2.1.13　咸阳彬县开元寺塔

图 2.1.14　咸阳彬县开元寺塔雷公柱

3.1 概况

彬县开元寺塔，古名开元塔，又名雷峰塔，现习称为彬塔。塔位于咸阳市彬县县城内西大街体育场内，南靠紫微山，紧邻文泰村，国道312从塔南侧约100米处经过（图2.1.12、图2.1.13）。2001年公布为全国重点文物保护单位（第五批）。

据《邠州志·卷一》（清康熙，姚本撰）载：（"开元古塔，贞观初尉迟恭监造，州城内西南。"）[1]，彬县开元寺塔创建于唐初贞观年间[2]。但根据塔的现状形制特征以及1985年4月25日维修时发现的塔刹莲花座上的题记——"大宋皇祐五年岁次癸巳秋八月十四日建谨记"可以推知塔应于北宋仁宗皇祐五年（1053年）重建。

自宋代以后未见开元寺塔的相关维修记载，经过千年的风雨剥蚀，特别是明嘉靖年间的关中大地震后塔体结构依然完好。1984～1986年进行了全面维修。2001年9月塔基发生盗掘事件，2002年11月安装了报警系统（详见"维修大事记"）。

目前开元寺塔存在的主要问题是塔体一层东面、西南面各有一条竖向裂缝，东面尤为严重；塔体砌砖脱落。

3.2 形制特征

开元寺塔为楼阁式空心砖塔，平面为正八边形，底层边长5.6米，对径14米。单壁中空，壁厚4.6米，塔室内径为4.5米。塔中心立有木质雷公柱，各层间铺设有木楼板，有木梯盘旋而上（图2.1.14）；塔为7层，通高47米。底层高度较大，第二层以上各层高度与面阔逐层递减。

---

1. [清]康熙 姚本撰《邠州志·卷一》："开元古塔，贞观初尉迟恭监造，州城内西南。"唐玄宗开元十三年（725年）改豳州为邠州，州治在新平（今彬县），辖境相当于今陕西的彬县、长武、旬邑、永寿四县。
2. 唐玄宗开元二十六年（738年）下诏令全国各州郡新立寺院均以当时的年号"开元"为寺名，也有一些寺院改名为"开元"。故彬县开元寺是创建时即有此名还是开元时改称已无法确知（《唐会要·卷四十八》："天授元年十月二十九日，两京及天下诸州，各置大云寺一所。至开元二十六年六月一日，并改为开元寺。"）。

塔身各面为素面。塔的底层正南、正北两面各辟有一券门，券门宽 1.6 米。第二层以上每层各面当心间均相间辟券门或长方形假门，相邻各层间券门和假门交错布置，即第三、五、七层券门开在正东、正南、正西、正北四面，第二、四、六层的相同位置则为假门。券门和假门两侧次间均设假的槛窗，券门两侧隐砌直棂假槛窗，假门两侧隐砌菱格纹假槛窗。

底层塔身每面用砖隐砌阑额、斗栱，无倚柱；三层平砖隐砌阑额，阑额上为四朵"连出双杪"，与第二层以上柱头、补间铺作位置上下对应。第二层以上塔身每面用砖隐砌出栏杆、倚柱、阑额与斗栱。栏杆为装饰性，环绕塔身，在与券门的对应处断开；栏杆下做仿木结构平坐，仅起装饰作用，用平砖隐砌斗栱和方形椽头，斗栱的位置、数量、样式均与各层柱头、补间、转角铺作相同。四根倚柱为八角柱，外露约三分之一柱身，将塔身每面分为三间，当心间面阔远大于次间；柱间隐砌阑额，柱头上坐"连出双杪"，第二、三、四层当心间阑额上用两朵补间铺作，次间无补间铺作。因塔体收分，第五、六层当心间阑额上只用一朵补间铺作，次间亦无补间铺作。第七层当心间无补间铺作；斗栱上均隐砌出撩檐方（图 2.1.15 ~ 图 2.1.17）。

图 2.1.15　咸阳彬县开元寺塔第六、七层塔身及塔顶

塔身各层间做叠涩出檐，檐口为仿木结构，隐砌出双排方椽，并做出滴水和瓦当，檐口上部为灰泥抹面收至塔壁。第一~四层檐部叠涩自下而上，于撩檐方上由一层平砖和一层 45°菱角牙子、再加二层平砖和一层 45°菱角牙子花砖、再加三层平砖叠涩组成；第三~七层檐部叠涩自下而上于撩檐方上由一层平砖和一层 45°菱角牙子、再加两层平砖和一层 45°菱角牙子花砖、再加二层平砖叠涩组成。塔转角处用石质角梁，挂风铎。塔顶用平砖叠涩成攒尖，上置铁质塔刹，有四条铁链系住，下端拉至檐部转角处，以固定塔刹。塔刹现仅存仰覆莲刹座与几圈相轮，其余部分已不存。

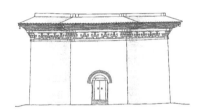

图 2.1.16　咸阳彬县开元寺塔底层南立面图

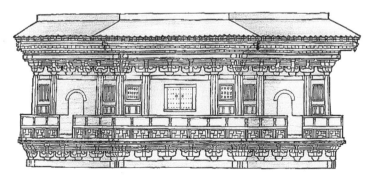

图 2.1.17　咸阳彬县开元寺塔第二层南立面图

4. 渭南澄城精进寺塔

图 2.1.18　渭南澄城精进寺塔位置图

4.1 概况

精进寺塔位于渭南市澄城县县城东大街文化馆院内，与县城西大街的城隍庙神楼遥相呼应，是澄城的地标建筑（图 2.1.18）。2006年公布为全国重点文物保护单位（第六批）。

精进寺始建于唐肃宗在位期间（756～761年）[1]，是当地著名的大寺。寺院建筑在新中国成立前已全部损毁，仅存精进寺塔留存至今。1990年曾在塔底层的墙缝里发现了一件宋代的莲花大瓦当及一件凤尾琉璃配件（详见"附属文物一览表"），由此依稀可见该寺当年的壮丽。精进寺塔应创建于唐，但确切时间不详，1993年春季实测时发现在塔刹相轮的底盘上铸有"大宋国同州澄城县于庆历七年岁次丁亥五月动工"的铭文，可推知塔于北宋仁宗庆历七年（1047年）进行过重建。

现在塔的保存状况较好，但塔顶有植物生长，会对塔体造成不良影响。

4.2 形制特征

精进寺塔为密檐式楼阁空心砖塔，平面为正方形，底层边长6.5米，塔壁厚2米；9层，通高33.26米。底层较高，第二层以上各层高度与面阔均逐层递减（图 2.1.19）。

塔底层的西面辟有券门，其他各面均为素面。第二层以上各层当

---

1. [清]刘于义等监修.《陕西通志·卷二十九》："精进寺，在县东门外，唐肃宗建，有浮屠九级。"

心间交错对开券门或假券门，其中第二、四、六、八层南、北两面正中辟券门，东、西两面做假券门；第三、五、七、九层在东、西两面正中（当心间）对开券门，南、北两面做假券门，即券门与假券门在各层相错布置。券门和假券门的两侧（次间）均隐砌卧棂假窗。

第二层以上各层塔身每面隐砌出倚柱、普拍方与斗栱。塔身每面四根方形倚柱，将塔面分为三开间，各间面阔相同；第二、三层柱头上坐（隐砌）"耙头绞项作"，当心间、次间均无补间铺作；第五层柱头上坐"连出双杪"，当心间用补间铺作一朵，次间用两朵。第五层普拍方上均匀分布七朵铺作，与柱头不对称，其中四朵"连出双杪"与三朵"五铺作双杪偷心造"相间分布；其他各层柱头上仅用（隐砌）栌斗，无补间铺作，斗栱与栌斗上均隐砌出撩檐方（图2.1.20）。

塔身除第五层外，其他各层间做叠涩出檐，檐部自下而上，撩檐方上由一层45°方向的菱角牙子与数层平砖组成，撩檐方隐砌单排方椽与瓦垄。第五层做仿木结构出檐，撩檐方上做双排飞椽，下排为方椽，上排为圆椽，圆椽之上仿做瓦垄。各层转角处用木角梁，梁头有套兽，梁身中段下系风铎。塔顶为平砖攒尖，铁刹相轮保存完好（图2.1.21）。

图 2.1.19　渭南澄城精进寺塔（西北方向）

图 2.1.20　渭南澄城精进寺塔第三～五层塔身（西北方向）

图 2.1.21　渭南澄城精进寺塔塔刹

5. 西安周至大秦寺塔

图 2.1.22　西安周至大秦寺塔位置图

5.1 概况

大秦寺塔，位于西安市周至县城东南 20 公里的终南山北麓的塔峪村，坐落在丘木山山腰上（图 2.1.22、图 2.1.23）。这里依山傍水，林木茂盛，风光优美。东去有道教胜地楼观台，西去有唐玉真公主修道处延生观，自古就是游览胜地。2000 年 8 月，联合国教科文组织将大秦寺纳入"中国丝绸之路保护项目"，2006 年公布为全国重点文物保护单位（第六批）。

大秦寺是基督教传入中国后最早创建的寺院之一。唐太宗贞观九年（635 年），基督聂斯托利教派传入中国内地，当时称为"景教"，因唐时称罗马为大秦国，所以将基督教称为"大秦景教"，通称景教寺院为"大秦寺"。当时景教得到朝廷的支持，在长安及周边地区建立景教寺院，此大秦寺即创建于贞观年间（635～649 年），唐武宗会昌五年（845 年）灭佛，祸及景教，该寺被关闭。宋代以后被用为佛寺，但寺名未改，沿用至今。清嘉庆年间（1796～1820 年）白莲教起义，该寺毁于兵火，唯塔幸存下来。

1998～1999 年、2002 年大秦寺塔都曾进行修缮（详见"维修大事记"），目前塔身保存状况尚好，已安装有避雷装置。塔身略有倾斜（西北方向，倾斜约 2.76 米）。塔身有植物生长，会对塔造成损害。

5.2 形制特征

大秦寺塔为楼阁式空心砖塔，平面为正八边形，底层边长 4.5 米；塔为 7 层，塔身通高 40.9 米。塔身底层较高，第二层以上各层高度与面阔均逐层递减。

塔身底层在北面辟有券门，东、南、西三面做假券窗，其他四面

图 2.1.23　西安周至大秦寺塔（正北方向）

为素面。第二、四、六层在南、北两面对开券门,第三、五层在东、西两面对开券门,第七层在东、南、西、北四面辟券门,第二~七层其他各面均为素面,无券门。塔室为圆形,内径10.86米。室内设有木楼梯。

塔身底层下部做出两圈砖砌腰线(图2.1.25),塔身上部二层平砖隐砌阑额,无倚柱。阑额上用六朵"耙头绞项作",其中转角斗栱两朵。第二层以上塔身每面均隐砌出平坐、角柱、阑额与斗栱。平坐只起装饰作用,无栏杆;柱间三层平砖隐砌阑额,第二、三、六、七层角柱柱头上用一斗三升转角斗栱,第四、五层角柱柱头上仅用栌斗。塔身每面正中用补间铺作一朵(图2.1.26)。

塔身各层间做叠涩出檐,底层的叠涩出檐自下而上由撩檐方、上面的一层菱角牙子再加上面的12层平砖叠涩组成,叠涩下用耙头栱与阑额;第二层的叠涩出檐自下而上为一层菱角牙子加一层平砖为一组,向上重复三组,再加五层平砖,共计11层叠涩。第三至第六层重复两组后再加六层平砖,共计10层叠涩。第七层则是重复三组再加四层平砖,也是10层叠涩。菱角牙子均是45°方向排列。塔顶为平砖攒尖,塔刹残有几圈相轮,状似松塔(图2.1.27)。

图2.1.25 西安周至大秦寺塔底层腰线

图2.1.26 西安周至大秦寺塔第二层塔身

图2.1.27 西安周至大秦寺塔塔刹

6. 宝鸡岐山太平寺塔

图 2.1.28 宝鸡岐山太平寺塔位置图

6.1 概况

太平寺塔位于宝鸡市岐山县县城内（图 2.1.28）。2006 年公布为全国重点文物保护单位（第六批）。

塔始建于北宋哲宗元祐年间（1086～1094 年）[1]，明洪武、永乐、天顺年间曾多次维修；20 世纪 80 年代进行了全面修缮；受 2008 年四川汶川大地震影响，塔身略有倾斜并产生裂缝，2013 年进行了加固维修（详见"维修大事记"）。目前塔身整体向东北方向倾斜且有发展趋势。塔身底层出现大面积水平方向的裂缝和多处错位，东北角尤为严重。底层部分砖风化严重。塔基排水不利，受潮现象严重。

6.2 形制特征

太平寺塔为楼阁式空心砖塔，平面为正八边形，底层边长 2.66 米，对径 6.42 米，塔壁厚 2.1 米；9 层，通高 27.5 米。塔身底层高度较大，从第二层往上，各层高度与面阔均逐层递减，收分显著。至第九层时平面边长已减至 0.68 米，对径减至 1.77 米。塔坐落在边长 4.7 米、高约 1 米的正八边形基座上，有石质栏杆环绕一周（后代添建）（图 2.1.29）。

塔身底层在南面辟券门，其他各面为素面。第二和第四层均是在东、西两面正中（当心间）辟券门，券门两侧（次间）隐砌方形格纹假槛窗，北面当心间隐砌假券门，两侧次间为卧棂假槛窗；第三、五、六层则是在东、西两面正中（当心间）做假券门，两侧（次间）为卧棂假槛窗；第三层的南面、第五层的北面正中（当心间）辟券门，两侧（次间）

图 2.1.29 宝鸡岐山太平寺塔（正南方向）

---

1. [清]光绪 胡升猷.《岐山县志·卷三》："太平寺，在城北门内。有浮图百尺，名太平塔。宋元祐时建，岁时朝贺于此。"

亦为卧棂假槛窗。未做券门或假券门的塔身其余各面均为素面。

底层塔身上部每面均隐砌普拍枋、斗栱，无角柱。普拍枋上均匀分布五朵斗栱，其中两朵为转角铺作，样式均为"五铺作双杪偷心造"；第二至七层塔身各层每面隐砌出平坐栏杆、倚柱、普拍枋与斗栱。四根方形倚柱将塔面分为三间，当心间面阔大于次间；第一至第七层柱头上均为五铺作出双杪斗栱，隐刻出瓜子栱及慢栱；第八层塔檐为四铺作斗栱，当心间用补间铺作一朵；第九层无斗栱。栏杆环绕塔身，在与券门对应处断开。第二层的平坐下每面用六铺作出三杪斗栱两朵、补间六铺作三杪偷心造斗栱三朵；第三层平坐下做三层莲瓣；第四层以上平坐下未用斗栱（图2.1.30、图2.1.31）。

塔身第一至八层做仿木结构出檐。檐口隐砌双排椽头，下排为圆椽，上排为方椽，并仿做瓦当及滴水，叠涩收檐；第九层为平砖叠涩出檐。塔顶平砖攒尖，塔刹无存（图2.1.32）。

图2.1.30 宝鸡岐山太平寺塔第二层塔身（正南方向）

图2.1.31 宝鸡岐山太平寺塔第三层塔身（正南方向）

图2.1.32 宝鸡岐山太平寺塔第一层塔檐（正南方向）

7. 咸阳永寿武陵寺塔

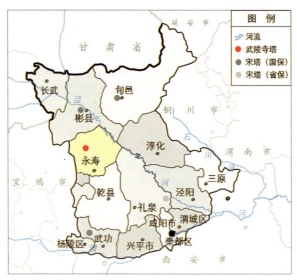

图 2.1.33 咸阳永寿武陵寺塔位置图

7.1 概况

武陵寺塔，又名永寿塔或永平古塔，位于咸阳市永寿县永平乡西南，翠屏山山巅，相传宋时此地建有翠屏书院（图 2.1.33）。1957 年公布为陕西省文物保护单位（第二批），2006 年公布为全国重点文物保护单位（第六批）。

武陵寺始建于北魏[1]。武陵寺塔早年断代为唐塔[2]，1982 年陕西省文物管理委员会将其年代改定为北宋[3]。

武陵寺曾于清道光十一年（1831 年）重修，现已不存，仅存塔。武陵寺塔前立有清道光年间"重修武陵寺石碑"，周围有残砖断瓦及石佛像出土。因受明嘉靖时关中大地震的影响，武陵寺塔曾于明泰昌元年（1620 年）修缮。民国十九年（1930 年）的陕西大地震又导致塔的顶部损毁，塔身向东北方向倾斜。现在塔本体保护状况一般，塔身有歪斜，塔刹已不存，塔身与塔檐的面砖有风化酥碱。

7.2 形制特征

武陵寺塔为楼阁式空心砖塔，平面为正八边形，底层边长 2.8 米、对径 6 米，塔壁厚 2.4 米；4 层，存高 27.5 米（图 2.1.34）。

塔身底层较高，西、北两面辟券门，其他各面均为素面；第二层以上各层高度与面阔逐渐递减，第二、四层东、南、西、北四面正中辟券门，其余四面隐砌过梁式长方形假门，门上隐刻三排十路门钉；第三层的券门与假门的位置与第二、四层相错；各层的券门及假门两侧均隐砌正方形直棂假窗。

---

1. 《关中胜迹图志·卷二十六》："武陵寺在永寿县治西翠屏山。县志：'有浮屠。'后魏平阳王熙建。明碧峰禅师居此。"平阳王拓跋熙为北魏道武帝第三子，明元帝拓跋嗣三弟。天兴六年（403 年）道武帝封拓跋熙为平阳王。
2. 陕西省文物管理委员会，《陕西名胜古迹》："武陵寺塔建于唐代，为八角形建筑，结构严整。"
3. 塔经省文管会和有关古建专家鉴定后把省上原公布的唐塔更正为北宋塔，并定名为武陵寺塔；1984 年全面整修武陵寺塔时，拆除塔顶残砖后发现宋"熙宁重宝"铜钱一枚，同时发现书有"大观元年五月……"字样的砖一块。熙宁为北宋神宗年号，大观为北宋徽宗年号。但据此无法判断塔是在北宋始建，或是重修，或是重建。

底层塔身上部每面均隐砌普拍方、斗栱，无角柱。转角铺作为五铺作单杪出下昂斗栱，下昂为批竹昂[4]做法，补间铺作一朵，样式与转角铺作相同；第二层以上塔身各层每面均隐砌出平坐栏杆、角柱、普拍方及斗栱。角柱平面为正八边形，转角铺作和补间铺作数量、样式均与底层铺作相同。平坐栏杆只起装饰作用，栏杆环绕塔身，隐刻龙凤、流云和菱格等精美图案；平坐部分用两层平砖隐砌出额枋，转角铺作与角柱上转角铺作形式相同，补间铺作一朵，也与塔面正中、券门上方的补间铺作形式相同；铺作层上是二层平砖隐砌出的撩檐方，枋上为单排仿木方椽和滴水；塔身第三层平坐额枋上加一层平砖与一层45°菱角牙子。角柱柱头斗栱与平坐下斗栱形式相同（图2.1.35）。

塔身各层间做仿木结构出檐，檐口隐砌双排方椽头，并仿做瓦当、瓦垄与滴水，叠涩收檐。塔顶用平砖反叠涩攒尖，已毁。塔内设有木楼梯，盘旋直达塔顶。

4. 昂之一种。宋式营造法名称。是根据昂的形式特点命名的，《营造法式》"卷第四·大木作制度一·飞昂：亦有自斗外，斜杀至尖者，其昂面平直，谓之批竹昂"。即昂尖的加工方法是将看面自里向外斜劈向下，形成一个倾斜的平面，状如刀斧劈竹，故得此名。批竹昂造型简洁有力，具古朴优雅之美。唐至辽、宋时期批竹昂是主要的昂尖形式之一。

图2.1.35 咸阳永寿武陵寺塔塔顶

图2.1.34 咸阳永寿武陵寺塔

8. 铜川耀州神德寺塔

图 2.1.37　铜川耀州神德寺塔（东南方向）

图 2.1.36　铜川耀州神德寺塔位置图

8.1 概况

神德寺塔，又名耀县塔，是耀州城内最古老的建筑，位于铜川市耀州县城北的步寿原下，四面环山，步寿原的东崖下即是宋耀州窑遗址。塔所在地区为耀州古城旧址（图 2.1.36）。神德寺塔始建年代不详，陕西省文物部门将其年代定为宋代。1956 年公布为陕西省文物保护单位（第一批），2006 年公布为全国重点文物保护单位（第六批）。

神德寺，北魏时为龙华寺，隋文帝仁寿年间（601～604 年）在寺中曾建了大像阁，唐时改称神德寺；宋徽宗宣和年间（1119～1125 年）大像阁毁于兵火。金章宗承安年间（1196～1200 年）重建阁，寺名改为明德寺；明嘉靖年间（1522～1566 年），阁寺俱废，后用作文正书院[1]。现在其他建筑无存，仅余古塔。神德寺塔还保存有金元经卷和明代"皇明科第题名"碑[2]等重要文物。2004 年维修塔时，在第四层塔身南面的券窗中又发现了金、元时期的古经卷、古画 30 余种。

1981～2006 年对神德寺塔进行了多次维修、加固（详见"维修大事记"），现在塔的保存状况良好。

8.2 形制特征

神德寺塔为密檐式空心砖塔，平面为正八边形，底层边长 3.15 米；9 层，通高 30 米。塔身中空，原有木梯可登塔，现已毁（图 2.1.37）。

塔底层高度较大，东面辟有券门，门楣上隐刻一佛二菩萨像、门框上隐刻持剑天王像；西面的券门内设一佛龛；其余六面均为素面。从第二层往上，各层高度与面阔均逐层递减，第二层在南、北两面对

---

1. [清] 光绪十六年 李延宝．《乔三石耀州志·卷二》："大像阁在步寿原南岩下，元魏时龙华寺也，隋仁寿中建阁，覆弥勒像，高二十余仞，故名焉。唐改神德寺。宋时人游览最盛，有富郑公登阁诗石刻，宣和时兵火阁废，金承安中再建阁，更寺额曰明德，今阁与像久废，寺改书院，独故塔存。"
2. 碑镶嵌于塔第二层南面塔身。碑中刻录了自明永乐十三年（1415 年）至嘉靖十六年（1537 年）期间考取举人、进士的当地人物的名字及官职。

开券门，券门两侧无装饰，东、西两面隐砌长方形假门，门两侧隐砌长方形卧棂假窗；第三、五层在东、西两面对开券门，券门两侧无装饰；除底层和第二、三、五层外其余各层均未做假门假窗。

自第二～八层塔身每面以砖隐砌出倚柱、普拍方、均阑额、斗栱，未做平坐；第二层以上每面有方形倚柱四根，将塔身每面分为三开间，柱头上为二层平砖隐砌普拍方，柱间为二层平砖隐砌阑额。柱头上为五铺作出双杪斗栱。当心间与次间各用补间铺作一朵，均为五铺作双杪偷心造。柱头铺作与补间铺作均坐于普拍方之上。斗栱上隐砌出撩檐方；塔身各层檐角均有木质角梁，个别木质已糟朽。第九层塔面每面只有角柱两根（图2.1.38、图2.1.39）。

塔身各层间做叠涩出檐，檐口隐砌仿木双排椽头，下排为圆椽，上排为方椽，并仿做滴水。叠涩收檐。

图2.1.38 铜川耀州神德寺塔第二层塔身（正东方向）

图2.1.39 铜川耀州神德寺塔第三层塔身（东西方向）

9. 咸阳武功报本寺塔

图 2.1.41　咸阳武功报本寺塔（正东方向）

图 2.1.40　咸阳武功报本寺塔位置图

9.1　概况

报本寺塔，又名武功塔，位于咸阳市武功县武功镇正心街，坐西向东，背附香山（图 2.1.40）。1957 年公布为陕西省文物保护单位（第二批），2013 年公布为全国重点文物保护单位（第七批）。每年春季，总会有一群胡燕旋转翻飞塔顶周围，啾啾之声，终日不断，晨暮时分，尤为活跃，这就是"武功八景"之一的"胡燕朝塔"。

报本寺始建于唐宣宗大中元年（847 年）[1]，今已不存。报本寺原为唐高祖李渊别宅、唐太宗李世民的出生地。相传报本寺是唐太宗登基后为报其母[2]养育之恩而建的，故名"报本"。舍宅为寺，寺内增立了塔。

1987 年 5 月，在对报本寺塔进行地质勘探时发现了地宫，并出土了百余件珍贵文物（详见"附属文物一览表"），现藏咸阳博物馆。

报本寺塔曾于明神宗万历十四年（1586 年）维修[3]；1994 年 7 月重建，于 1996 年 6 月完工（详见"维修大事记"），目前该塔整体保存情况较好，基本没有任何损坏。

9.2　形制特征

报本寺塔为楼阁式空心砖塔，平面正八边形，底层边长 4.7 米，对径 11 米。塔壁厚 2.5 米，塔内中空，内设木梯可登临塔顶；7 层，通高约 39.7 米。塔刹无存（图 2.1.41）。

塔底层高度较大，东面辟有券门（现已被封堵），塔身八个转角处隐砌出垂花柱，塔面隐砌出阑额，阑额上用二层平砖隐砌出普拍方，

---

1. 《长安志·卷十四》（清乾隆刻本）："乘本寺，在县西北一里。本唐神尧宅，大中元年建为报本寺。"
2. 唐太宗生母为北周皇族窦氏，谥称太穆皇后，是定州总管神武公窦毅与北周武帝姐姐襄阳长公主的女儿。
3. 《陕西通志·卷二十九》："报本寺，在县治北，唐时建。在县西北一里。本唐高祖旧宅，大中元年建为寺。依山立刹，中有浮图，高二十寻，伟然一邑之望。万历年重修。"

普拍方上转角五铺作双杪并用附角栱，塔面中间用补间铺作一朵，式样与转角处相同（图2.1.42）。从第二层往上，各层高度与面阔均逐层递减，第二、四、六层在南、北两面对开券门，东、西两面隐砌假券门；第三、五、七层在东、西两面对开券门，南、北两面隐砌假券门。券门及假券门两侧均无装饰。其他各面素面；各层每面正中相间辟有券门或长方形假门，第三、五、七层于正东、南、西、北四面对开券门，其余四面设假门，第二、四、六层券门与假门交错设置。券门和假门两侧均为素面。

自第二层以上塔身每面以砖隐砌出角柱、阑额与斗栱。角柱为方柱，柱间用三层平砖隐砌普拍方，第二~五层柱头上隐砌一斗三升式斗栱，塔面正中用补间铺作一朵，一斗三升出耍头；第六、七层柱头上仅坐栌斗。

塔身各层间做叠涩出檐，第一层檐部由14层叠涩构成，自下而上为一层平砖加一层菱角牙子，上面再一层平砖和一层菱角牙子，菱角牙子上再加10层平砖叠涩；第二层~六层以一层平砖上加施一层菱角牙子为一组叠涩，自下而上重复三组，最后一组之上再加数层平砖叠涩，平砖层数随高度增加减少。第二层用三组叠涩层加八层平砖叠涩，共14层叠涩；第三层用三组叠涩加七层平砖叠涩，共13层叠涩；第四、五层均是三组叠涩加五层平砖叠涩，共11层叠涩；第六层用三组叠涩加四层平砖叠涩，共10层叠涩；第七层与第一层檐部做法相同，自下而上重复两组，其上再加五层平砖叠涩，共10层叠涩。各层的菱角牙子均是45°方向排列（图2.1.43）。

图2.1.43 咸阳武功报本寺塔第四~七层塔檐（正东方向）

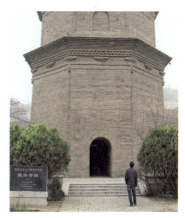

图2.1.42 咸阳武功报本寺塔底层塔身（正东方向）

10. 延安富县柏山寺塔

图 2.1.44　延安富县柏山寺塔位置图

10.1 概况

柏山寺塔,又名直罗塔。位于延安市富县县城西北 50 公里处的直罗镇柏山山坡上,坐北朝南,周围群山环抱,松柏参天(图 2.1.44)。2013 年公布为全国重点文物保护单位(第七批)。

塔始建于唐高祖武德二年(619 年),秦王李世民憩兵柏山,改芸罗寺为安乐寺,并建殿与塔;唐玄宗开元十二年(724 年),李隆基北征突厥,途经安乐寺,因前锋战事告急,遂改寺名为安定寺[1]。北宋真宗景德元年(1004 年)曾重修寺院。明洪武初因其山多柏,改名古柏寺[2],今习称为柏山寺。清时寺与塔尚存[3],现寺院已废,在塔东约 50 米处尚保留有条石砌筑的寺院建筑台基遗址。塔内曾出土多件石雕造像(详见"附属文物一览表"),线条流畅、技法简洁、纯熟,具有很高的艺术价值。

柏山寺塔目前保存状况一般,塔体局部破损,塔基排水不畅。

10.2 形制特征

柏山寺塔为楼阁式空心砖塔,平面正八边形,底层边长 3.65 米,对径 9.1 米,壁厚约 3 米;11 层,通高 43.3 米(图 2.1.45)。

塔底层高度较大,约为 7 米,西面辟有券门,其余各面均为素面。塔室为方形,边长 2.3 米。从第二层往上,各层高度与面阔均逐层递减。各层均在东、南、西、北四面正中(当心间)辟券门或券龛,券龛内置石雕菩萨造像,券龛和券门两侧(次间)隐砌卧棂假窗;其他各面仅在正中(当心间)隐砌卧棂假窗。

---

1. 《陕西通志·卷二十九》:"柏山寺,在州西九十五里直罗镇,碑识唐武德二年秦王世民征虏,憩兵芸罗寺,疽发背,王对佛启愿,夜梦金人敷药大愈,洎登位,乃改芸罗为安乐,移西岩之上,建殿与塔,即今处也。开元十二年车驾征北番至此,前锋告捷,因改为安定寺。宋景德元年僧齐信重修,仍名安乐。后以其山多柏,因以柏山名。壁间唐太宗像相传千有余年,至今不坏。"
2. 《陕西通志·卷二十八》:"古柏寺,在县界。唐太宗建,旧名安乐寺,开元间改安定。洪武初以古柏名也。"
3. 《鄜州志·卷二》(清康熙):"柏山寺在州西九十里,直罗镇西北,满山柏树,寺在柏间,故以名也。古塔耸然,殿塔亦隐若现。"

底层每面用砖隐砌普拍方、斗栱，无倚柱；用二层平砖隐砌普拍方，其上为五铺作双杪斗栱，计心与偷心造相间分布，与第二层以上柱头、补间铺作位置上下对应。自第二层以上塔身每面以砖隐砌出平坐栏杆、倚柱、普拍方、斗栱及撩檐方。塔身每面有四根方形倚柱（含两角柱），将塔身每面分为三开间，当心间面阔小于次间。柱头铺作为五铺作双杪，补间铺作一朵，为五铺作双杪偷心造。斗栱上承托由两层平砖隐砌出的撩檐方；平坐栏杆只起装饰作用，第二～五层栏杆环绕塔身，在与券门对应处断开。第二层栏杆每面分为六段，中间两段隐刻卧棂纹华版，其他四段分别隐刻卧棂纹和十字方形纹；第三～五层栏杆每面分为五段，华版卧棂纹与十字方形纹相间。

塔身各层间做仿木结构出檐，隐砌双排方椽及滴水（大部分残损）。塔身八个转角处有木角梁，梁头伸出（部分已腐朽不存）。塔顶为平砖叠涩攒尖，已残损（图2.1.46、图2.1.47）。

图2.1.45　延安富县柏山寺塔

图2.1.46　延安富县柏山寺塔第二层塔檐

图2.1.47　延安富县柏山寺塔第二～三层塔身

11. 渭南蒲城崇寿寺塔

图 2.1.49　渭南蒲城崇寿寺塔

图 2.1.48　渭南蒲城崇寿寺塔位置图

11.1 概况

崇寿寺塔位于渭南市蒲城县城关镇正街（图2.1.48）。因崇寿寺在县城北部，习称北寺，所以崇寿寺诸佛舍利宝塔又称蒲城北寺塔。蒲城县城内另有一座建于唐的慧照寺塔，习称南寺塔。双塔相映生辉，"双塔夜影"为蒲城八景之一。1957年崇寿寺塔公布为陕西省文物保护单位（第二批），2013年公布为全国重点文物保护单位（第七批）。

塔建于北宋哲宗绍圣三年（1096年）。崇寿寺建于北宋真宗大中祥符九年（1016年），仁宗天圣七年（1029年）重修[1]，由当地富户出资建造的[2]。塔北建有小庙，内有石刻佛像一尊，王信墓碑一块，《崇寿禅院修十二劫塔记》石碑一通（详见"附属文物一览表"）。

崇寿寺塔经历了明嘉靖年间的关中大地震后，清初又经火焚，遭严重破坏，加之风雨剥蚀，塔身开裂，塔顶坍塌。清乾隆三十五年（1770年）曾维塔基。1953年对崇寿寺塔进行了加固，1985年7月～1986年10月对塔进行了全面维修（详见"维修大事记"）。目前崇寿寺塔整体保存状况较好，塔底层根部有返碱现象。

11.2 形制特征

崇寿寺塔为楼阁式空心砖塔，平面为正方形，底层边长8.13米；13层，通高48米。塔身单壁中空，塔内木梯甚陡，几乎与地面垂直。

---

1. 《陕西通志·卷二十九》："崇寿寺，在县治东。宋大中祥符九年建，天圣七年重修，寺西有塔。"
2. 附属文物《崇寿禅院修十二劫塔记》石碑载："延兴村太原王君，名信，虽广田产，不乐耕锄，维好商贾，益丰富焉。会一日，本县崇寿寺院僧景深至，以北塔事细除于君，君遂然之，于是，命诸弟侄俱来左右，曰：吾一生行商，南北四塞，东西两京，风霜寒暑，曾无避焉，迄今四二余载矣……今兹僧来化修塔，为万载不朽缘事，我故呼汝等议，欲办一劫之费何如？诸子欣然从之。因询其僧'一劫之费能须几何？'曰'须五万金可就'僧本五千为望，加之十倍施之，其僧稽首而谢别君。于后殷勤命以工匠，经之营之……高劫已凌于霄汉。"

每层设有木楼板，可登临（图2.1.49、图2.1.50）。

塔底层高度较大，南面辟有券门，券门上方的匾额书"北寺宝塔"四字。从第二层往上，各层高度与面阔均逐层递减，奇数层在南、北两面正中（当心间）辟券门，东、西两面隐砌假券门，但第十一、十三层未做假券门；偶数层在东、西两面正中（当心间）辟券门，南、北两面隐砌假券门。真假券门两侧（次间）均隐砌卧棂假窗，但第九层以上不再做假窗。塔身第二层北面正中嵌一块石碑，刻有"诸佛舍利宝塔"六字，第四层南面正中嵌小佛像一尊。

底层隐砌出普拍方、阑额及一斗三升式斗栱，无倚柱。第二层以上各层每面以砖隐砌出倚柱、普拍方、阑额和斗栱。每面用四根方形倚柱，将塔面分为三间，当心间与次间面阔相同。柱头上用二层平砖隐砌普拍方，柱间用二层平砖隐砌阑额，柱头铺作为一斗三升式斗栱，转角铺作为一斗三升式斜出耍头。第二～四层当心间与次间均用相同样式补间铺作一朵；第五～七层无补间铺作，仅用柱头与转角铺作；第七层以上仅柱头用栌斗。

塔身各层间做叠涩出檐，第一、二层檐部的叠涩做法为两层平砖间用两层45°菱角牙子，上承13层平砖叠涩，并仿做单排方椽、瓦当及瓦垄；第二层以上各层檐部的叠涩层数递减（图2.1.51）。

图2.1.50 渭南蒲城崇寿寺塔塔内木梯

11.3 勘察与精细测绘图（图2.1.52～图2.1.59）

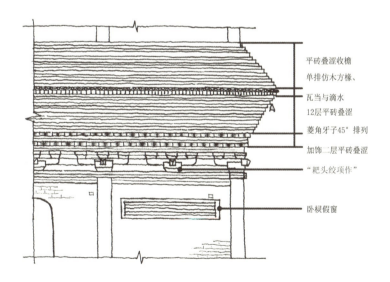

图2.1.51 渭南蒲城崇寿寺塔第二层塔檐大样图（正南方向）

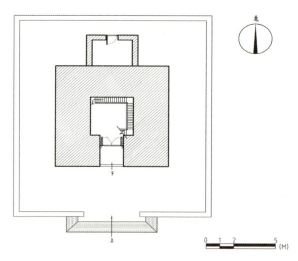

图 2.1.52 渭南蒲城崇寿寺塔第一层平面

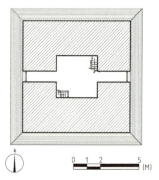

图 2.1.53 渭南蒲城崇寿寺塔第二层平面

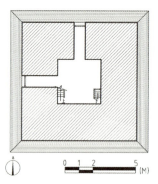

图 2.1.54 渭南蒲城崇寿寺塔第九层平面

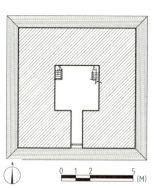

图 2.1.55 渭南蒲城崇寿寺塔第十层平面

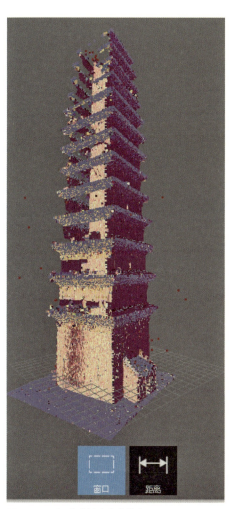

图 2.1.56　渭南蒲城崇寿寺塔点云图

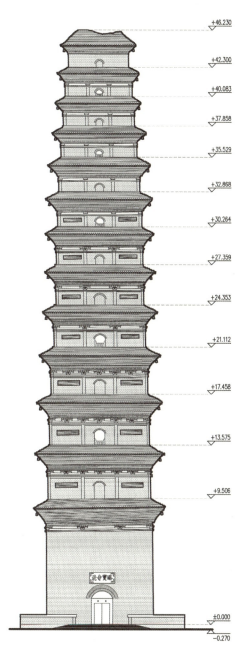

图 2.1.57　渭南蒲城崇寿寺塔南立面图

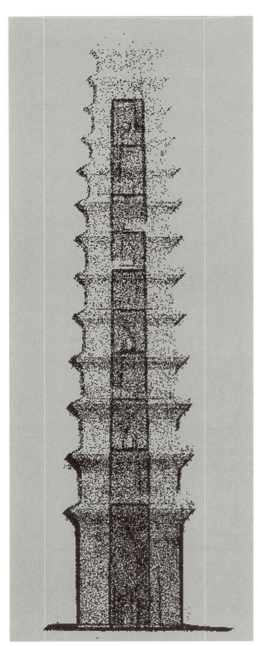

图 2.1.58 渭南蒲城崇寿寺塔点云全貌图

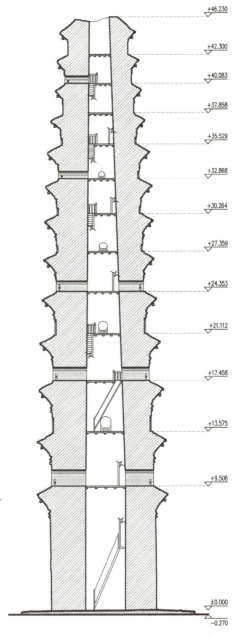

图 2.1.59 渭南蒲城崇寿寺塔剖面图（南看北）

12. 铜川重兴寺塔

图 2.1.60　铜川重兴寺塔位置图

图 2.1.61　铜川重兴寺塔（西南方向）

12.1　概况

重兴寺塔，习称铜川塔，位于铜川市印台区同官路北街印台山东面市文化馆院内（图2.1.60）。1956年公布为陕西省文物保护单位（第一批），2013年公布为全国重点文物保护单位（第七批）。

重兴寺始建年代不详，塔始建于北宋，清康熙二十二年（1683年）重修过寺院[1]。明嘉靖年间关中大地震后塔身微倾，塔刹塌毁。清康熙二十五年（1687年）对塔进行了修缮。新中国成立后，曾于1978年、1982年、1987年进行过维修（详见"维修大事记"）。1982年8月，进行塔周清理工作时发现有石刻佛像等附属文物（详见"附属文物一览表"）。现在重兴寺塔保存尚可，塔身向东北方向倾斜比较严重。

12.2　形制特征

重兴寺塔为密檐式砖塔，平面正六边形，底层边长2.17米；7层，通高16米。底层有方形塔室，二层以上为实心。底层较高，第二层以上各层高度与面阔均逐层递减（图2.1.61）。

塔身底层高度较大，北面辟有券门，其他各面为素面；第二层以上塔身每面隐砌出倚柱、普拍枋及斗栱。塔身每面有四根方形倚柱（含两角柱），将塔身每面分为三开间，当心间面阔与次间相同。第二、三层当心间辟过梁式长方形假门，门上有门钉，次间内做菱格纹（第二层）或卧棂（第三层）假窗；第四层以上不做假门和假窗；第七层则是三根倚柱将塔面均分为两间。

底层塔身上部隐砌普拍枋、斗栱，无倚柱；二层平砖隐砌阑额，

---

1. 《陕西通志·卷二十九》："重兴寺，在县治北"。《明一统志》："康熙二十二年重修"。

图 2.1.62 铜川重兴寺塔第二层塔身(正南方向)

图 2.1.63 铜川重兴寺塔第六~七层及塔顶

其上坐四朵"五铺作双杪偷心造";包括二朵转角斗栱,其余二朵位置与柱头位置对应,第二~五层柱头铺作为五铺作出双杪,第六、七层为四铺作出单杪,均无补间铺作。第二~四层隐砌出平坐栏杆,只起装饰作用,环绕塔身一周。第七层檐角悬挂有风铎(图2.1.62)。

塔身各层间做仿木结构出檐,檐口隐砌双排方椽,并仿做瓦当、瓦垄。塔顶为平砖叠涩攒尖,塔刹为铁制,由仰莲座、覆钵和相轮组成(图2.1.63)。

13. 渭南合阳大象寺塔

图 2.1.64　渭南合阳大象寺塔位置图

图 2.1.65　渭南合阳大象寺塔（正西方向）

13.1　概况

大象寺塔，又名平政塔、龙王庙塔，位于渭南市合阳县城关镇安阳村东北 300 米处（图 2.1.64），坐东朝西。大象寺[1]所在地的地势由西向东渐次升高，大象寺塔即建在寺院最高处。寺院建筑已毁，仅塔保存下来，矗立在开阔的耕地中。合阳古城原有"四镇八塔"[2]，大象寺塔即是其中之一。2013 年公布为全国重点文物保护单位（第七批）。

目前大像寺塔保存状况较差，塔体在东北方向原略有倾斜，因雨灾倾斜加剧，垂直方向倾角约 3°，中心偏差约 1.6 米。塔体七层以上西南面和东面有明显裂缝。

13.2　形制特征

大象寺塔为密檐式实心砖塔，平面为正方形，底层边长 4.8 米；13 层，现高 28 米（图 2.1.65）。

塔身底层高度较大，正西面辟有券门，券门宽 0.9 米，高 2.1 米。内有塔室，顶部为砖结构藻井，室内佛像已遗失。塔室内东壁有一佛龛，佛像已毁，残留部分背光图样。塔室其余内壁均素面无装饰。塔的二层以上部分是实心的。第二层以上各层高度与面阔均逐层递减。第二层、第七层在东、南两面辟有券窗，第三层在东、西两面辟券窗。除券窗外，其余两面均为素面。

---

1. 《合阳县全志》（乾隆三十四年）："距城七里曰杨家洼，有大象寺。"
2. "四镇"指东镇坊镇、西镇路井、南镇黑池、北镇甘井，四镇共有八座塔，但"八塔"无详载。

图 2.1.66　渭南合阳大象寺塔第二～四层塔身（正西方向）

图 2.1.67　渭南合阳大象寺塔第十一～十三层及塔顶（正西方向）

　　底层的檐部为仿木结构，二层平砖隐砌出阑额，阑额上坐九朵斗栱，一斗三升式斗栱和四铺作出单杪斗栱相间均匀分布于阑额上，正中为四铺作出单杪斗栱，补间位置用一斗三升式斗栱。檐口隐砌仿木双排方椽，并仿做瓦当与瓦垄，其上叠涩收檐。第二层以上各层间叠涩出檐，檐部以两层平砖隐砌出阑额，檐口隐砌仿木单排方椽，其上与底层相同，也仿做瓦当与瓦垄；第二～五层叠涩自下而上由二层平砖一层菱角牙子和六层平砖组成；第六～九层自下而上由二层平砖一层菱角牙子和五层平砖组成；第十层以上为二层平砖一层菱角牙子和四层平砖组成。菱角牙子均以45°方向排列。塔顶残毁（图2.1.66、图2.1.67）。

14. 延安富县福严院塔

图 2.1.68 延安富县福严院塔位置图

图 2.1.69 延安富县福严院塔

14.1 概况

福严院塔，习称东村塔，位于延安市富县东村，地处陕北黄土高原沟壑区，寺院建筑已无存，现为苹果园（图 2.1.68）。2013 年公布为全国重点文物保护单位（第七批）。

塔的始建年代不详，据其风格特征判断应建于宋代，塔的兴废沿革无详载。清康熙三十二年（1693 年）曾维修[1]，1980～1982 年，塔的底部进行了维修加固。目前塔保存尚好，塔体略有倾斜，局部残损、塔基排水不畅（详见"维修大事记"）。

14.2 形制特征

福严院塔为楼阁式空心砖塔，平面为正八边形，底层边长 2.6 米，对径 6 米；11 层，通高 30.2 米（图 2.1.69）。

塔底层较高，约为 5 米，南面辟券门，其他各面均为素面。第二层以上高度与面阔逐层递减，第七～十层收分柔和，第十层以上收分骤急。第二～八层东、南、西、北四面正中（当心间）辟券门或券龛（双数层做券门，单数层做券龛），其他各面正中隐砌假门，假门隐刻有精美花纹；券门、券龛或假门两侧（次间）均隐砌菱格纹假窗。

底层塔身上部平砖一层隐砌普拍方、斗栱，斗栱五朵均为五铺作双杪，其位置与第二层以上柱头、补间、转角斗栱上下对应。自第二层以上塔身每面隐砌出倚柱、普拍方与斗栱。塔身每面有四根方形倚柱（含两角柱），将塔面分为三开间，当心间面阔略大于次间。第二～六层柱头铺作与底层样式相同，当心间用补间铺作一朵，样式与柱头铺

---

1. 《陕西通志第二十九卷》："福严院，在州西原。距城五十里，有塔，康熙三十二年修。"

图 2.1.70 延安富县福严院塔第二层塔身

图 2.1.71 延安富县福严院塔第二层塔檐

作相同；第七~十层柱头铺作为四铺作单杪，无补间铺作；第十层以上因塔身短小未用斗栱。斗栱之上隐砌出撩檐方（图 2.1.70）。

塔身各层间做叠涩出檐，檐部由七层叠涩组成，自下而上，撩檐方上为一层花砖，向上叠二层平砖，再向上为一层60°菱角牙子，菱角牙子上为三层平砖叠涩，再向上为一层菱角牙子与一层平砖。檐口隐砌仿木双排方椽，并仿做瓦当和瓦垄；塔顶用平砖叠砌为攒尖，塔刹无存；塔内原设有木梯，已毁（图 2.1.71）。

15. 西安户县敬德塔

图 2.1.72 西安户县敬德塔位置图

15.1 概况

宝林寺塔，习称敬德塔，位于西安市户县县城东南 25 公里的紫阁峪紫阁峰下，北去约 2 公里即是久负盛名的佛教大寺草堂寺地属太平乡草堂镇（图 2.1.72）。这里林木茂密，紫阁峪两侧石壁上有数处摩崖石刻，是历代游览题记。2013 年公布为全国重点文物保护单位（第七批）。

宝林寺建于唐太宗贞观年间（627～649 年），尉迟敬德监修。亦称"紫阁山宝林寺"（或称"紫阁寺"）。宝林寺当年享有盛名，唐高宗总章年间（668～670 年），曾将玄奘顶骨由兴教寺迎至紫阁寺，在此建五重塔保护。后又移至他处。宝林寺塔建于北宋哲宗元祐七年（1093 年）[1]。清同治元年（1862 年）寺院被毁，仅塔留存下来。

1988 年维修时，在第五层塔身的北面塔龛内，发现一处石刻，记载了修塔的情况（详见"附属文物一览表"）。2005 年再次对塔进行了维修加固（详见"维修大事记"）。目前塔的整体保存状况较好（图 2.1.75）。

15.2 形制特征

敬德塔为楼阁式砖塔，平面为正方形，底层边长 2.8 米；7 层，塔顶损毁，存高 17 米（图 2.1.73）。底层有塔室，第二层以上为实心。

塔底层高度较大，约 4.16 米。西面辟有券门，券门宽 0.7 米，高 1.6 米。塔身各面隐砌出阑额和斗栱。转角铺作为一斗三升，对应第二层以上柱头铺作位置用"五铺作双杪偷心造"（每面用两朵），对应于补间铺作位置用"连出双杪"（每面共三朵）。瓜子栱上均隐刻精美纹饰。

图 2.1.73 西安户县敬德塔

---

1. 1988 年维修敬德塔时，在塔上发现《紫阁山贵师伯》石碑，载有"元祐七年六月十五日起塔"。

自第二层以上各层高度与面阔均逐层递减，每面正中间辟券龛，隐砌倚柱、平坐栏杆、阑额与斗栱。四根方形倚柱（含两角柱），将塔身每面分为三开间，当心间面阔与次间基本相同。柱头铺作为"五铺作双杪偷心造"，补间铺作为五铺作双杪偷心造，各间均用补间一朵；平坐栏杆只起装饰作用，环绕塔身在券门位置断开。华版雕饰菱格纹；平坐下用四铺作单杪斗栱，补间位置用四铺作单杪偷心造斗栱。

塔身各层间做叠涩出檐，自下而上以一层平砖与一层45°菱角牙子为一组，向上两组后加数层平砖叠涩层，叠涩层数向上逐层递减，第一层叠涩共7层，第二、三层共6层，第四层以上均为5层。檐口隐砌仿木单排方椽，并仿做瓦当、滴水及瓦垄（图2.1.74、图2.1.76）。

图 2.1.74　西安户县敬德塔底层塔檐

图 2.1.75　西安户县敬德塔塔顶

图 2.1.76　西安户县敬德塔第一~二层西立面图

16. 延安洛川万凤塔

图 2.1.77　延安洛川万凤塔位置图

16.1　概况

兴国寺塔，习称万凤塔或鄜城塔（富县古称鄜州），位于延安市洛川县鄜城村南（图2.1.77）。2013年公布为全国重点文物保护单位（第七批）。

兴国寺塔始建年代不详。塔始建于北宋，明代进行过重修[1]。新中国成立后，寺院失火，驻寺僧人离散。1999年、2003年先后对塔进行了维修（详见"维修大事记"），目前保存状况良好。

16.2　形制特征

万凤塔为楼阁式空心砖塔，平面为正八边形，底层边长3.1米，塔壁厚2.8米；13层，通高41.5米（图2.1.78）。

塔底层高度较大，正南面辟有券门。券门宽0.85米，高2.37米，门楣刻"万凤塔"三字。其他各面为素面；从第二层往上，各层高度与面阔均逐层递减。第二层在正南面辟券窗，在正北面做假券窗，真假券窗两侧均隐砌菱格纹假窗。东、西两面做长方形假门。假门两侧隐砌直棂假窗；第三、六层在正南面辟券窗，在正北面做假券窗，其他各面均为素面；第四层在在正西、正北面辟券窗；第五层各面正中间均辟假券窗；第七层仅在东、西两面辟券窗，其他各面均为素面；第八~十三层各层均为素面。

底层每面隐砌普拍方、斗栱，无倚柱；用二层平砖隐砌普拍方，其上为六朵"五铺作双杪偷心造"（包括二朵转角斗栱），与第二层以上柱头、补间铺作位置上下对应。第二层以上各面隐砌倚柱、普拍

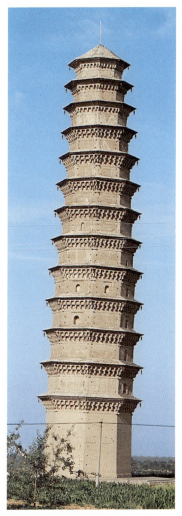

图 2.1.78　延安洛川万凤塔

---

1. [清]刘于义等监修.《陕西通志·卷二十九》: 明嘉靖十五年修，有碑记。"

图 2.1.79 延安洛川万凤塔第四层塔身

方与斗栱,四根方形倚柱将塔面分为三间,当心间面阔与次间基本相同。其他各层除辟有券窗或假券窗的塔面外均为素面。用二层平砖隐砌普拍方,其上坐柱头、转角铺作各一朵,当心间、次间坐补间铺作各一朵,每面共计七朵,其样式均为五铺作出双杪斗栱(图2.1.79)。

塔身各层间做仿木结构出檐,斗栱上以二层平砖隐砌出撩檐方。檐口隐砌仿木双排方椽,并仿做瓦当和瓦垄。塔顶为平砖叠涩。塔内原有木梯,已毁。

17. 铜川延昌寺塔

图 2.1.81 铜川延昌寺塔（西北方向）

图 2.1.80 铜川延昌寺塔位置图

17.1 概况

延昌寺塔，又名万佛寺塔，位于铜川市新区赵家坡村，坐东面西（图 2.1.80）。1957 年公布为陕西省文物保护单位（第二批），2013 年公布为全国重点文物保护单位（第七批）。

延昌寺建于何时没有明确记载，修建时间下限应不晚于金代[1]，根据其建筑风格推测建于宋代。

延昌寺塔曾于清康熙八年（1669 年）重修[2]；1929 年，延昌寺仍有寺庙建筑五座，塔两座；1940 年秋，前后大殿等建筑被国民党军队拆毁，修筑工事；目前保存状况较差，塔身有多处较大裂缝及残损。塔刹已毁，塔身东倾。

延昌寺塔出土有造像塔等附属文物（详见"附属文物一览表"）。

17.2 形制特征

延昌寺塔为密檐式砖塔，平面为正六边形，底层边长 2.2 米；原为 9 层，现存 8 层，第九层与塔顶、塔刹部分已毁，存高 18 米（图 2.1.81）。底层有塔室，二层以上部分为实心。

塔身底层较高，北面辟有券门；其他各面为素面。从第二层往上，各层高度与面阔均逐层递减，第二层在东南面、西北面各做一券龛，其他各面隐砌过梁式长方形假门，券龛及假门两侧均隐砌卧棂假窗；第三、四层每面当心间均隐砌长方形假门，两侧次间隐砌卧棂假窗；第五层以上均不做假门和假窗。

底层塔身每面用砖隐砌普拍方、斗栱，无倚柱；用二层平砖隐砌

---

1. 金代所立《耀州华原县延昌寺三门记》碑：延昌寺"殿塔崇俊，堂室弘敞"。
2. 《陕西通志·卷二十九》："延昌寺，在城西十五里赵家坡，康熙八年重修。"

普拍方，普拍方上为七朵斗栱，"五铺作双杪偷心造"与"连出双杪"相间均匀分布，与第二层以上柱头、补间铺作位置上下对应。第二层以上各层每面隐砌出倚柱、阑额、普拍方及斗栱。塔身每面有四根倚柱（含两角柱），将塔身每面分为三开间，当心间面阔与次间基本相同；柱头铺作为五铺作出双杪，当心间、次间均用补间铺作一朵，为五铺作双杪偷心造。柱头铺作与补间铺作均坐于普拍方之上；第三层隐砌出平坐栏杆，只起装饰作用，栏杆环绕塔身一周。

塔身各层间做仿木结构出檐，檐口隐砌仿木双排椽头，下排圆椽，上排方椽，并仿做撩檐方、望板以及瓦当、瓦垄（图2.1.82）。

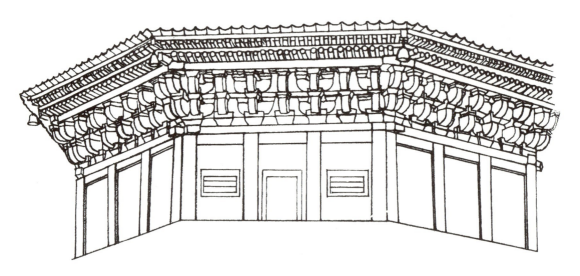

图 2.1.82 铜川延昌寺塔第二层塔身大样图

18. 汉中东塔

图 2.1.83 汉中东塔位置图

18.1 概况

汉中东塔,即净明寺塔,位于汉中市东关正街、东塔小学院内(图 2.1.83)。"东塔西影"是"汉中八景"之一。1957 年公布为陕西省文物保护单位(第二批),2013 年公布为全国重点文物保护单位(第七批)。

塔始建年代不详,相传三国时即已建成,但无确凿文献可考。1953 年维修东塔时,在塔顶发现有压角铁狮子一对,上铸有"庆元四年洋州城西街李子照谨舍"字样(详见"附属文物一览表"),庆元为南宋宁宗年号,庆元四年为 1198 年,洋州即今洋县[1]。据此推断塔至迟在南宋庆元四年即已建成。而净明寺据《汉中府志》载,建于明洪武八年(1375 年)[2]。

东塔年久失修,顶部两层已坍塌,1953 年维修时去掉顶部两层改为 11 层。目前塔整体保存状况尚好,塔体上植物生长茂盛。

18.2 形制特征

汉中东塔为密檐式砖塔,平面为正方形,底层高 3.3 米,边长 4.4 米;11 层,存高 15 米,坐落在正方形基座上(图 2.1.84)。

塔身底层较高,内有塔室,现已封堵;东面辟有方形龛;第二层以上为实心。自第二层以上各层层高与面阔逐层递减,各层每面正中辟一券龛,内置立砖一块,不知原来是否刻有文字。券龛两侧各砌单层亭式小塔一座。

塔身各层间做叠涩出檐,自下而上用一层 45°菱角牙子加数层平砖叠涩,各层的叠涩层数不同,第一、二层共 6 层平砖叠涩,第三层以上每层为 9 层平砖叠涩(图 2.1.85)。

图 2.1.84 汉中东塔(正东方向)

---

1. 洋县自南北朝以来皆归洋州治内,明代降洋州为洋县,并洋县入西乡县,尔后又恢复其治区。此后便一直称为洋县,归汉中府治下。
2. 《汉中府志》:"净明寺,府东门外,明洪武八年建,后有砖塔。"

图 2.1.85　汉中东塔第一～五层东立面图

19. 延安志丹砖塔群

图 2.1.86　延安志丹砖塔群位置图

19.1　概况

砖塔群位于延安市志丹县义正乡石湾村九塔湾（又名卧虎湾）的半山缓坡地带，原留存有九座塔，故名九塔湾，现存八座，自南向北错落排列（图 2.1.86）。1992 年公布为陕西省文物保护单位（第三批）。

寺早年已毁，地方志中无载，故寺名及沿革不详。塔群始建于宋，陆续兴建延至明代，是寺院僧人的舍利塔群。1996 年曾对砖塔群进行过维修（详见"维修大事记"），目前八座塔的顶部均有破坏，塔身有裂缝。

19.2　形制特征

八座砖塔均为楼阁式砖塔，编号为 1 ~ 8 号（图 2.1.87）。

1 号塔：空心砖塔，平面为八边形，底层边长 1.15 ~ 1.25 米不等，周长 9.8 米；五层，塔身通高 11.2 米，坐落在高 0.8 米的基座上。塔身第二层在南面辟圭角形门，门宽 0.4 米、高 0.73 米，其他各面为素面；第三层以上各层各面均为素面；各层间以平砖四层叠涩出檐，檐头平短；塔顶也用平砖叠涩收顶，无塔刹（图 2.1.88）。

2 号塔：空心砖塔，平面为正方形，底层边长 1.88 米；4 层，塔身通高 9.1 米，坐落在高 0.4 米的基座上。塔身一层南面辟圭角形门，门宽 0.64 米、高 0.8 米，其他各面为素面；每层叠涩出檐，由平砖加一层菱角牙子共四层组成。塔的檐口略呈弧形，檐角部位略上翘；塔顶用平砖叠涩收分成覆斗状，无塔刹（图 2.1.89）。

3 号塔：空心砖塔，平面为正方形，底层边长 2.74 米；9 层，塔身通高 15 米。坐落在高 0.24 米的基座上，塔身底层南面有圭角形门，

图 2.1.87　延安志丹砖塔群

图 2.1.88　延安志丹砖塔群——1 号塔

图 2.1.90　延安志丹砖塔群——3 号塔

图 2.1.89　延安志丹砖塔群——2 号塔

门宽 0.52 米,高 0.86 米;其他各面为素面。第二层以上各层叠涩出檐,用平砖四层。檐口中段略下凹使檐口呈弧形,檐角部位起翘;塔的第九层及塔顶损坏严重,顶部式样不明(图 2.1.90)。

4 号塔:空心砖塔,平面为八边形,底层边长 1.02 米;3 层,塔身通高 5.8 米。坐落在高 1.18 米的基座上,塔身第二层南面辟圭角形塔门,门宽 0.57 米、高 0.64 米。第二层以上各层用五层平砖叠涩出檐;塔顶为平砖叠涩收分,无塔刹(图 2.1.91)。

5 号塔:空心砖塔,平面为八边形,底层边长 1.15 米;3 层,塔身通高 3.6 米。坐落在高 1 米的基座上,券门宽 0.4 米、高 0.65 米;塔身第二、三层南面各辟有方形塔门;各层叠涩出檐,用三层平砖加菱角牙子;檐头平短。平砖叠涩为八角攒尖收顶,无塔刹(图 2.1.92)。

6 号塔:空心砖塔,平面为八边形,底层边长 1.03 米;3 层,塔身通高 5.2 米。坐落在高 0.67 米的基座上,一层券门宽 0.43 米、高 0.62 米;塔身第二层南面辟券门,券门宽 0.53 米、高 0.68 米;三层南面均亦辟有塔门。各层叠涩出檐,用四层平砖叠涩出檐。塔顶以砖叠涩收分,无塔刹(图 2.1.93)。

7 号塔:空心砖塔,平面为八边形,底层边长 1.04 米;3 层,塔身通高 5.1 米。坐落在高 0.76 米的基座上,券门宽 0.46 米、高 0.70 米;塔身底层南面辟门,其他各面为素面;各层叠涩出檐,用平砖叠涩收分。塔顶砖叠涩,无塔刹(图 2.1.94)。

8 号塔:空心砖塔,平面为八边形,底层边长 1.08 米;3 层,通高 5.6 米。坐落在高 0.97 米的基座上,券门宽 0.42 米、高 0.68 米;第二层南面辟塔门。各层平砖叠涩出檐。塔顶砖叠涩,无塔刹(图 2.1.95)。

图 2.1.91 延安志丹砖塔群——4 号塔

图 2.1.92 延安志丹砖塔群——5 号塔

图 2.1.93 延安志丹砖塔群——6 号塔

图 2.1.94 延安志丹砖塔群——7 号塔

图 2.1.95 延安志丹砖塔群——8 号塔

20. 咸阳礼泉香积寺塔

图 2.1.96　咸阳礼泉香积寺塔位置图

图 2.1.97　咸阳礼泉香积寺塔

20.1　概况

香积寺塔，习称薄太后塔，位于咸阳市礼泉县烽火镇刘家村，北与九嵕山相望，西面临咸北公路（图 2.1.96）。1992 年公布为陕西省文物保护单位（第三批）。

香积寺建于北魏至隋唐之间，清康熙年间曾重修[1]，现已不存。香积寺塔始建年代不详，唐塔、宋塔的特征兼而有之，推断当建于五代至宋初[2]。

塔旁遗存唐代经幢等文物（详见"附属文物一览表"）。1985 年曾对香积寺塔进行过维修（详见"维修大事记"）。

20.2　形制特征

香积寺塔为楼阁式空心砖塔，平面为正方形，底层边长 6.5 米；7 层，塔身通高约 28 米（图 2.1.97）。

塔身底层较高，南、北两面辟券门，券门下设四级踏步，正面券门上方额题"望母塔"三字，其他各面为素面。第二层以上层高及面阔均逐层递减；第二、四层在东、西两面辟券门，第三层在南、北两面辟券门，其他两面为素面。第五、六、七层四面均辟券窗。

底层塔身上部各面均隐砌阑额、斗栱，无倚柱；平砖二层隐砌阑额，阑额上坐四朵"五铺作双杪偷心造"，与第二层以上柱头铺作位置上下相对应，正中间为一朵一斗三升出耍头式斗栱，与第二层以上当心间、补间铺作位置上下相对应。第二层以上各层每面均隐砌平坐栏杆、倚柱、阑额和斗栱。四根方形倚柱将塔面分为三间，当心间面阔与次间

---

1. 《陕西通志·卷二十八》："香积寺，在县东五十里薄太后村，寺后有塔。本朝康熙十八年重修。"
2. 罗哲文. 中国名塔 [M]. 天津：百花文艺出版社，2006：128.

图 2.1.98　咸阳礼泉香积寺塔

图 2.1.99　咸阳礼泉香积寺塔第二层塔身

图 2.1.100　咸阳礼泉香积寺塔第一层塔檐

基本相同。柱头铺作为五铺作双杪，当心间与次间均用补间铺作一朵，也为五铺作双杪；平坐下为"五铺作双杪偷心造"，补间位置用五铺作双杪偷心斗栱；平坐栏杆只起装饰作用，栏杆环绕塔身一周，存券门处断开。平坐栏杆高大，与券门基本同高（图 2.1.98）。

各层间做叠涩出檐，第一层塔檐自下而上以一层平砖加一层菱角牙子为一组叠涩，向上两组后再加五层平砖叠涩，共 8 层；第二层以上各层均为二层平砖加一层菱角牙子为一组，向上两组后，再加四层平砖叠涩，共 8 层。檐口均隐砌单排仿木椽头，并隐砌瓦垄；塔内设有木梯；塔顶为平砖叠涩为四角攒尖，塔刹无存（图 2.1.99、图 2.1.100）。

21. 铜川柏树塬塔

图 2.1.101 铜川柏树塬塔位置图

图 2.1.102 铜川柏树塬塔（正北方向）

21.1 概况

柏树塬塔，位于铜川市耀州区西部的柳林镇柏树塬村（图 2.1.101）。2008 年公布为陕西省文物保护单位（第五批）。

北朝时此地建有北寺，北宋时建塔，历史沿革文献记载不详。后寺院建筑损毁，仅塔留存，还有古龙槐一株。北寺遗址内相继出土有造像碑等文物（详见"附属文物一览表"），遗址地表散见筒板瓦、琉璃脊兽、灰陶脊兽、龙纹兽面勾头等建筑构件残片。现在塔保存状况一般，年久失修，各层檐口砖块有断裂脱落现象，塔顶坍塌，塔刹无存。

21.2 形制特征

柏树塬塔为密檐式砖塔，平面正六边形，底层边长 1.67 米；7 层，塔身通高 11.06 米。塔体底层中空，第二层以上部分为实心（图 2.1.102）。

塔身底层高 2.61 米，高度远大于其他各层。在正西面辟券门，其他各面为素面；第二层以上各层高度与面阔均逐层递减。第二层在正西面当心间辟券门，在东北面辟券龛，其他各面当心间为过梁式长方形假门，假门两侧次间隐砌六角格纹假窗；第三层东面辟券龛，其他各面中间隐砌六角格纹假门，两侧无装饰；第四~七层无券窗、假门。

底层塔身上部隐砌普拍方、斗栱，无倚柱，普拍方为一层平砖隐砌，其上坐五朵斗栱（包括两朵转角铺作），斗栱为五铺作双杪，其数量、位置与第二~四层柱头、补间、转角铺作上下对应。第二、三、四层每面以砖隐砌出倚柱、阑额、普拍方和斗栱。四根方形倚柱将塔面分为三间，当心间面阔远大于次间。第二、三层普拍方上为"五铺作双杪偷心造"，当心间用补间铺作一朵，为五铺作双杪偷心造；第四层的柱头铺作为五铺作双杪偷心造，当心间的补间铺作为"五铺作双杪偷心造"。第五～七层与底层相同，隐砌阑额、普拍方、斗栱，无倚柱，阑额、普拍方、斗栱的数量与做法亦与底层相同，斗栱样式略有区别。第五、七层斗栱均为五铺作双杪，第六层与第四层柱头、补间、转角铺作样式相同。各层次间均无补间铺作。

各层间均做仿木结构出檐，仿做瓦当和瓦垄，叠涩收檐，其上第一至三层檐口隐砌双排仿木方椽，第四层以上隐砌单排仿木方椽。塔顶为六角攒尖（图2.1.103）。

图 2.1.103　铜川柏树塬塔第二～三层塔身（正北方向）

22. 铜川兴元寺塔

图 2.1.105　铜川兴元寺塔

图 2.1.104　铜川兴元寺塔位置图

22.1 概况

兴元寺塔，习称高坪村石塔，位于铜川市王益区王益乡高坪村村民宋都善宅院内（图 2.1.104）。2014 年公布为陕西省文物保护单位（第六批）。

兴元寺始建于隋文帝开皇十三年（593 年），塔建造年代不详。寺院久废，仅存塔。现在塔身四层以上严重倾斜，塔身所刻文字、图案、造像风化较严重。

22.2 形制特征

兴元寺塔为多宝塔式实心石塔，平面正六边形；6 层，塔身通高 3.17 米（图 2.1.105）。

图 2.1.106　铜川兴元寺塔第一层塔身

塔由整块岩石分层叠造垒起，逐层递减缩小。塔身底层为正六边形须弥座，边长 0.64 米，束腰部分刻有托塔力士像（图 2.1.106）；第二层边长为 0.38 米，塔身六面分别浮雕大象、狮子、牡丹等图案（图 2.1.107）；第三层为石鼓形塔身，周长 2.83 米，西面辟券龛，内置坐佛一尊（已残）；第四层刻有《大般若波罗蜜经》经文，字迹漫漶不清；第五层刻各式浮雕花卉图案；第六层雕数行横向条纹。塔刹无存。

图 2.1.107　铜川兴元寺塔第二层塔身

23. 商洛山阳丰阳塔

图 2.1.108　商洛山阳丰阳塔位置图

23.1　概况

丰阳塔位于商洛市山阳县城关镇西关村苍龙山祖师梁上，现在是苍龙山公园的一部分（图 2.1.108）。2014 年公布为陕西省文物保护单位（第六批）。

丰阳塔始建年代不详，根据其建筑特征推定为宋代。塔底层镶嵌有"咸丰庚申二月"《维修古塔碑》，碑文载，古塔"未传建于何时"（"咸丰庚申"为 1860 年）。也有资料称其始建于唐[1]。塔身上部早年已毁，清咸丰年间及民国时期都曾对丰阳塔进行过维修。新中国成立后，1952 年、2009 年也曾进行了维修（详见"维修大事记"）。

23.2　形制特征

丰阳塔为密檐式空心砖塔，平面为正六边形，底层边长 2.6 米；现残存 7 层，存高 21 米（图 2.1.109）。

塔身底层高度远大于其他各层，正南面辟券门，其他各面为素面。第二层以上各层层高与面阔逐层递减，隔层辟券门；第二、三层塔身隐刻出平坐栏杆，平坐下无斗栱；第四层以上则隐砌出平坐栏杆、普拍方与斗栱。普拍方上隐砌"五铺作双杪偷心造"，补间铺作一朵。平坐栏杆只起装饰作用，平坐下用"耙头栱"；第四层以上各层檐口部位隐砌出方椽、瓦当及瓦垄。

第一~三层层间叠涩出檐，平砖叠涩加施菱角牙子，檐下施六铺作出三杪斗栱，有补间铺作一朵，第一层塔檐下有砖雕和线刻花卉、动物等图案装饰，或为清代补修时所加；第四层以上仿木结构出檐，檐口隐砌双排方椽，并施有瓦当、瓦垄，叠涩收檐。第六层以上塔身骤然收小，形成塔刹基座（图 2.1.110、图 2.1.111）。

图 2.1.109　商洛山阳丰阳塔正射影像

---

1. 陈道久. 山阳县志 [M]. 西安：陕西人民出版社，1991：283："丰阳塔，建于唐永徽三年。"何树滋. 山阳县志·卷二 [M]（民国抄本）. 1 页："城北县治主山曰苍龙山，形如卧龙，蜿蜒起伏，横亘城北，昂首向西。西寺浮屠其首也，亦曰丰山。"

64 | 宋（金）元时期

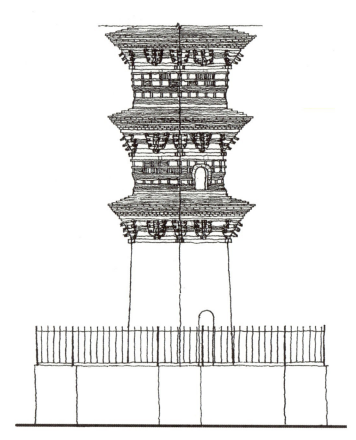 

图 2.1.110　商洛山阳丰阳塔第一~三层立面图　　　　　图 2.1.111　商洛山阳丰阳塔第四~七层立面图塔身

24. 延安富县八卦寺塔林

图 2.1.112　延安富县八卦寺塔林位置图

24.1 概况

八卦寺塔林，位于延安市富县西部张家湾镇西北方八卦寺村北约 1 公里处（图 2.1.112）。2003 年公布为陕西省文物保护单位（第四批）。

据说塔林原有八座塔，因而得名，现仅存三座塔，由北至南依次称为北塔、中塔、南塔（图 2.1.113）。北塔建于金代，中塔、南塔建于明代。清同治年间，八卦寺毁于战火。1985 年，曾对八卦寺 3 座塔进行维修加固（详见"维修大事记"）。目前保存状况尚好，塔身转角处有砖石剥落现象。塔体倾斜，塔体局部破损，塔基排水不畅。

24.2 形制特征

北塔：密檐式实心砖塔，平面为正八边形；9 层，通高 9.3 米。塔身各层隐砌出阑额和斗栱。阑额上坐四铺作单杪斗栱。第一、三层在南面辟圭角形龛，其他各层各面均为素面。层间叠涩出檐，由四层平砖组成，檐口做双排方椽头并仿做瓦垄；塔顶为砖叠涩，呈锥形，球形塔顶（图 2.1.114）。

南塔：楼阁式实心砖塔，平面为正八边形；9 层，存高 8.65 米。各层平砖叠涩出檐。塔身第九层未完工，仅有一半（图 2.1.115）。

中塔：密檐式实心砖塔，平面为正方形；9 层，存高 8.5 米。各层平砖叠涩出檐，檐角稍起翘，檐口中部略下凹；塔顶叠涩收分，砖砌塔刹（图 2.1.116）。

图 2.1.115　延安富县八卦寺塔林——南塔　图 2.1.113　延安富县八卦寺塔林

图 2.1.116　延安富县八卦寺塔林——中塔　图 2.1.114　延安富县八卦寺塔林——北塔

25. 渭南蒲城海源寺塔

图 2.1.117　渭南蒲城海源寺塔位置图

25.1　概况

海源寺塔，又名温汤宝塔，位于渭南市蒲城县永丰镇温汤村西南150米处（图2.1.117）。2008年公布为陕西省文物保护单位（第五批）。

海源寺建于唐太宗贞观二年[1]（628年）。塔相传建于金代[2]。

海源寺塔经过了一千多年风雨剥蚀、战争破坏以及明嘉靖关中大地震、民国九年（1920年）大地震，仅顶部有所残损。民国时期杨虎城将军视察洛惠渠工程时，曾拨款维修塔基[3]。现海源寺已毁，仅塔存。目前塔体保存基本完好（详见"维修大事记"），檐部有程度不同的掉砖现象，第九层已毁。

25.2　形制特征

海源寺塔为密檐楼阁式空心砖塔，平面为正六边形，底层边长2.8米，塔壁厚1.63米；9层，残高26米（图2.1.118）。

塔身底层高度远大于其他各层，南面辟券门，券门宽0.94米，高1.5米，其他各面为素面。第二层以上各层高度与面阔逐层递减，各层每面正中辟券门或券龛、假版门，上下层位置交错；第二层以上各层每面以砖隐砌出平坐栏杆、阑额、普拍方及斗栱。平坐栏杆高大[4]，几乎与券门同高，但只起装饰作用，环绕塔身一周，在券门、券龛或假版门处断开。平坐下无斗栱，只有一层花砖装饰。第二、四层券门和

图 2.1.118　渭南蒲城海源寺塔（正北方向）

---

1. 《大清一统志·卷一百九十》："海源寺，在蒲城县东南五十里。《县志》：唐贞观二年建，有塔"。
2. 《蒲城县志》（清乾隆）："海源寺，在县东南五十里温汤，有塔。"
3. 刘福谦.《蒲城县志》："相传建于金代，具体年代不详。"
   刘福谦.《蒲城县志》："民国时期，塔基被人破坏。杨虎城将军于30年代视察洛惠渠工程时，捐资并下令予以修复加固。"

4. 平坐栏杆高大，望柱较高，不能视为将塔面分为三间。

假券门两侧栏杆的华版隐刻卧棂纹，其他各面正中的华版隐刻菱格纹、两侧的华版隐刻卧棂纹；第三层券龛两侧栏杆望板隐刻菱格纹，其他各面中间隐刻菱形格纹、两侧隐刻卧棂纹；第五层以上，券门、假版门两侧栏杆望板隐刻莲花图案，其他各面隐刻菱形格纹。塔身各层每面的普拍方上坐"五铺作双杪偷心造"，第一杪的泥道栱隐刻为向上卷曲的树叶形，补间位置用铺作两朵，为五铺作双杪偷心造（图2.1.119、图2.1.120）。

各层间仿木结构出檐，檐口隐砌双排仿木方椽，并仿做瓦当和瓦垄，叠涩收檐。塔身转角处有木角梁挑出，原挂风铎，现已不存（图2.1.121）。

图 2.1.119　渭南蒲城海源寺塔第二～三层塔身

图 2.1.120　渭南蒲城海源寺塔第四～七层塔身

图 2.1.121　渭南蒲城海源寺塔塔檐

26. 渭南蒲城常乐宝塔

图 2.1.122　渭南蒲城常乐宝塔位置图

26.1　概况

常乐宝塔，又名金陵寺塔，位于渭南市蒲城县平路庙乡常乐村西 150 米（图 2.1.122）。2008 年公布为陕西省文物保护单位（第五批）。

塔始建于金代，经过了一千多年的风雨侵蚀、战争破坏和几次大地震袭击，塔身产生裂缝。1987 年曾维修（详见"维修大事记"）。

26.2　形制特征

常乐宝塔为密檐式空心砖塔，平面为正六边形，底层边长 4 米，塔壁厚 2.36 米；原为 13 层，第十三层和塔顶损毁，现存 12 层，存高 37 米（图 2.1.123）。

塔身底层高度远大于其他各层，在南面辟券门，券门宽 0.93 米，高 2.6 米，其他各面为素面。第二层以上各层高度与面阔均逐层递减，第二层东南面与西北面当心间对开券门，第三层在南北两面当心间对开券门，第四层西南面与东北面当心间对开券门，即相邻层上下位置相错布置。次间均是隐砌卧棂假窗。其他各面当心间均隐砌过梁式长方形假门，次间均做卧棂假窗；第五层南面正中辟券门，其他五面正中隐砌假版门，两侧均做卧棂假窗；第六层南面正中辟券门，两侧做卧棂假窗，其他各面为素面；第七层各面正中均辟券门，两侧做卧棂假窗；第八层以上无券门，仅隐砌假版门，门两侧做卧棂假窗。

图 2.1.123　渭南蒲城常乐宝塔（正南方向）

底层塔身上部隐砌普拍方、斗栱，无倚柱；二层平砖隐砌普拍方，其上坐斗栱七朵（含二朵转角铺作），斗栱为五铺作双杪与五铺作双杪偷心造相间均匀分布，其数量、位置、样式与第二层以上斗栱上下位置对应。第二层以上各层每面隐砌平坐栏杆、倚柱、阑额、普拍方和斗栱。四根方形倚柱将塔面分为三间，当心间面阔与次间基本相同。柱头铺作为五铺作双杪，当心间与次间均用补间铺作一朵，为五铺作双杪偷心造；平坐栏杆只起装饰作用，栏杆环绕塔身，在券门处断开；各层间做仿木结构出檐，檐口隐砌双排仿木椽头，下排为圆椽、上排为方椽，并仿做瓦当、瓦垄，其上叠涩收檐（图 2.1.124、图 2.1.125）。

图 2.1.124　渭南蒲城常乐宝塔第二层塔身

图 2.1.125　渭南蒲城常乐宝塔第一～二层塔檐

27. 渭南韩城赳赳寨塔

图 2.1.126 渭南韩城赳赳寨塔位置图

27.1 概况

赳赳寨塔，即圆觉寺塔，又名谭法塔[1]，位于渭南市韩城古城金城大街北端台塬边缘、新城与老城交界处，老城区比新城地势低约数十米，这里居高临下，可以鸟瞰古城（图 2.1.126）。2014年公布为陕西省文物保护单位（第六批）[2]。

圆觉寺始建于唐，宋真宗咸平元年（998年）重修[3]，清顺治年间重修[4]。塔位于圆觉寺北侧，始建于金世宗大定十三年（1173年），明代因地震受损；清康熙四十一年（1702年）重修[5]（详见"维修大事记"）。

目前赳赳寨塔保存状况良好，但自然风化对塔体有一定影响。塔基东侧嵌石碑两通，南边横碑铭文："悟空子法浩告上者去履不依损自福大定十三年癸巳记之"等二十四字。北边竖碑铭文："时大金大定十三年岁次癸巳五月五日修建宝塔都会……"。由碑文可知赳赳寨塔为圆觉寺悟空禅师圆寂后其弟子为其修建的塔。

27.2 形制特征

赳赳寨塔为楼阁式空心砖塔，平面为正八边形，底层边长3.17米；6层，塔身通高28米。坐落在边长8米，高7.2米的正方形基座上（图2.1.127）。

---

1. 《韩城县续志·卷三》（民国14年）："谭法塔，在圆觉寺，俗名赳赳塔，近于塔下蓦素一砖，得'谭法'之名。"谭同谈，取讲道说法之意。

2. 1957年5月陕西省人民委员会公布赳赳寨塔为省级文物保护单位。1992年4月陕西省人民政府撤销了赳赳寨塔省保单位资格，1998年2月韩城市人民政府公布赳赳寨塔为第一批市（县）级重点文物保护单位。

3. 《韩城县志·卷二》（清乾隆本）："圆觉寺，北门外，唐建。高爽宏丽，为一邑胜概。宋咸平元年重修。王钦若书额。"

4. 《大清一统志·卷一百九十》："圆觉寺，在韩城县北门外，唐建，高爽宏丽，为一邑胜概，本朝顺治中重修。"

5. 《韩城县志·卷二》（清乾隆本）："赳赳寨塔，在圆觉寺北，造于金大定十三年癸巳五月五日，因地震崩缺。康熙四十一年知县康行侗重建。"

塔身底层南面辟券门,券门上部有额题,其他各面为素面。第二层以上各层高度与面阔逐层递减,第二~五层每层辟四个券窗,第三、五层在正东、南、西、北四个方向辟券窗,第二、四层券窗位置与第三、五层位置交错;第六层在东南、南、西南、西北、东北五个方向各辟券窗,其他各面为素面。

各层间叠涩出檐,自下而上为一层平砖加一层45°菱角牙子,上面再加六层平砖叠涩。每层叠涩下转角处有铁质斗栱,仅为装饰作用。檐角挂风铎。塔顶为八角攒尖,置宝瓶式塔刹。

图 2.1.127　渭南韩城赳赳寨塔

28. 榆林横山鸿门寺塔

图 2.1.128　榆林横山鸿门寺塔位置图

28.1 概况

鸿门寺塔，又名响铃塔，位于榆林市横山县塔湾镇塔湾村芦河东岸的红砂岩上（图 2.1.128）。2013 年公布为全国重点文物保护单位（第七批）。

鸿门寺为石窟寺，塔下断崖上自西而南共开凿有七窟（详见"附属文物一览表"），塔所在崖壁下为二号石窟。鸿门寺塔建于元泰定年间（1324 ~ 1328 年）[1]，是陕西地区唯一一座保留至今的元代古塔（图 2.1.129）。

鸿门寺塔的维修情况未见记载，新中国成立后仅对塔下部残破处进行过局部填补。现在塔整体向东南方向倾斜明显，塔顶残破，塔身多处破损，塔基破坏严重。塔室内四壁有彩绘壁画，现也破坏严重，墙面大量剥落，壁画漫漶不清。

28.2 形制特征

鸿门寺塔为密檐式空心塔，平面为正八边形，底层边长 2.7 米，壁厚 1.65、塔室内径 3.56 米；11 层，存高 27 米，坐落在正八边形的基座上，基座是将岩石凿平后直接起建的。

塔身底层较高，约 2.5 米，由薄厚不等的红砂石石片垒砌而成。西南面辟门，门为圭角形。内有塔室，为圆形穹顶厚壁空心式，顶部中央有圆孔直通塔顶，可分辨出塔内有五层木檩条构成的"井"字形构架，起筋骨作用。顶有彩绘，顶与内壁交接处为逐层内收的二层叠涩，呈倒垂莲花形（图 2.1.130）。

图 2.1.129　榆林横山鸿门寺塔

1. 苏其炤.《怀远县志·卷一》（民国石印本）[M].31 页："红门寺，在威武堡南二里许，有响铃塔，元泰定间建，时有白鹤巢其上。" 横山县古称怀远县，清雍正九年（1731年）置县怀远，民国三年（1914年）为区别于安徽怀远，遂依境内横山山脉主峰改名横山县。

从第二层往上，各层高度与面阔均逐层递减，收分明显；第二层高度为1米，八个转角处及八面均有两组对称的圆柱，由二层半圆形砖砌成。第二层以上塔面均为素面；塔身各层间做叠涩出檐，叠涩自下而上由二层平砖叠涩上加一层菱角牙子，再上为一层平砖和一层菱角牙子，再上为一层平砖组成。塔刹已毁。

图 2.1.130　榆林横山鸿门寺塔底层（西南方向）

宋（金）元时期古塔特征研究

陕西现存宋（金）元时期古塔形制特征信息表　　　表 2.1.2

序号	分类号	地点	形制特征					性质
			类型	平面形式	层数	材料	结构	
			宋					
1	G4-80-宋-延安-岭山寺塔	延安市宝塔区	楼阁式	正八边形	9	砖	底层双壁中空，二层以上单壁中空	佛塔
2	G5-417-北宋-咸阳-泰塔	咸阳市旬邑县	楼阁式	正八边形	7	砖	单壁中空	不明
3	G5-423-宋-咸阳-彬县开元寺塔	咸阳市彬县	楼阁式	正八边形	7	砖	单壁中空	不明
4	G6-769-宋-渭南-精进寺塔	渭南市澄城县	密檐式楼阁	正方形	9	砖	单壁中空	佛塔
5	G6-775-宋-西安-大秦寺塔	西安市周至县	楼阁式	正八边形	7	砖	单壁中空	不明
6	G6-776-宋-宝鸡-太平寺塔	宝鸡市岐山县	楼阁式	正八边形	9	砖	单壁中空	佛塔
7	G6-777-宋-咸阳-武陵寺塔	咸阳市永寿县	楼阁式	正八边形	4	砖	单壁中空	佛塔
8	G6-778-宋-铜川-神德寺塔	铜川市耀州区	密檐式	正八边形	9	砖	单壁中空	佛塔
9	G7-1417-宋-咸阳-报本寺塔	咸阳市武功县	楼阁式	正八边形	7	砖	单壁中空	佛塔
10	G7-1418-宋-延安-柏山寺塔	延安市富县	楼阁式	正八边形	11	砖	单壁中空	佛塔
11	G7-1419-宋-渭南-崇寿寺塔	渭南市蒲城县	楼阁式	正方形	13	砖	单壁中空	佛塔
12	G7-1420-宋-铜川-重兴寺塔	铜川市印台区	密檐式	正六边形	7	砖	底层空心，二层以上实心	佛塔

续表

序号	分类号	地点	形制特征					性质
			类型	平面形式	层数	材料	结构	
13	G7-1421-宋-渭南-大象寺塔	渭南市合阳县	密檐式	正方形	13	砖	底层空心，二层以上实心	佛塔
14	G7-1422-宋-延安-福严院塔	延安市富县	楼阁式	正八边形	11	砖	单壁中空	佛塔
15	G7-1423-宋-西安-敬德塔	西安市户县	楼阁式	正方形	7	砖	底层空心，二层以上实心	墓塔
16	G7-1424-宋-延安-万凤塔	延安市洛川县	楼阁式	正八边形	13	砖	单壁中空	佛塔
17	G7-1425-宋-铜川-延昌寺塔	铜川市	密檐式	正六边形	9	砖	底层空心，二层以上实心	佛塔
18	G7-1426-南宋-汉中-汉中东塔	汉中市汉台区	密檐式	正方形	11(13)	砖	底层空心，二层以上实心	佛塔
19	S3-276-宋~明-延安-砖塔群	延安市志丹县	塔群 1号塔	正八边形	5	砖	单壁中空	舍利塔
			2号塔	正方形	4			
			3号塔	正方形	9			
			4号塔	正八边形	3			
			5号塔	正八边形	3			
			6号塔	正八边形	3			
			7号塔	正八边形	3			
			8号塔	正八边形	3			
20	S3-279-宋-咸阳-香积寺塔	咸阳市礼泉县	楼阁式	正方形	7	砖	单壁中空	佛塔
21	S5-392-宋-铜川-柏树塬塔	铜川市耀州区	密檐式	正六边形	7	砖	底层空心，二层以上实心	不明
22	S5-394-宋-铜川-兴元寺塔	铜川市王益区	多宝塔	正六边形	/	石	实心	多宝塔
23	S6-124-宋-商洛-丰阳塔	商洛市山阳县	密檐式	正六边形	7	砖	单壁中空	不明

续表

序号	分类号		地点	形制特征					性质
				类型	平面形式	层数	材料	结构	
金									
24	S4-328-金~明-延安-八卦寺塔林	北塔	延安市富县	塔林	正八边形	9	砖	实心	墓塔
		中塔			正方形				
		南塔			正八边形				
25	S5-375-金-渭南-海源寺塔		渭南市蒲城县	密檐楼阁	正六边形	9	砖	单壁中空	佛塔
26	S5-377-金-渭南-常乐宝塔		渭南市蒲城县	密檐式	正六边形	12(13)	砖	单壁中空	佛塔
27	S6-102-金-渭南-赳赳寨塔		渭南市韩城	楼阁式	正八边形	6	砖	单壁中空	佛塔
元									
28	G7-1428-元-榆林-鸿门寺塔		榆林市横山县	密檐式	正八边形	11	砖石	单壁中空	佛塔

根据历史文献，陕西省境内具有明确纪年的宋塔共有四座，分别为延安岭山寺塔、宝鸡岐山太平寺塔、渭南蒲城崇寿寺诸佛舍利宝塔、西安户县敬德塔。宋代重修或重建的塔也有四座，分别为咸阳旬邑泰塔、咸阳彬县开元寺塔、渭南澄城精进寺塔和延安富县柏山寺塔。缺乏明确文献记载依据风格特征或出土的附属文物推断为宋塔的共有十座，分别为咸阳永寿武陵寺塔、铜川耀州神德寺塔、延安富县福严院塔、延安洛川万凤塔、铜川延昌寺塔、汉中东塔、咸阳礼泉香积寺塔、铜川耀州柏树塬塔、商洛山阳丰阳塔和铜川重兴寺塔。因此，陕西省境内有宋代风格及确认建于宋代的塔共计十八座。

十八座宋塔主要包括三种类型，楼阁式塔、密檐式塔、密檐楼阁式塔。其中楼阁式塔十座，密檐式塔七座，密檐楼阁式塔仅渭南澄城精进寺塔一座，故楼阁式塔和密檐式塔为宋塔之主流。

在十八座宋塔中，除汉中东塔的时代为南宋外，其余均为北宋。故下文所做特征分析研究主要针对的是北宋时期的塔。

1. 平面形式

宋塔平面形式较为多样，有正八边形、正六边形及正方形，但以正八边形为多。平面为正八边形的塔整体造型优美，更显圆浑华丽。

2. 塔体结构

陕西地区现存楼阁式与密檐式宋塔的结构形式主要有单壁中空和实心两种。单壁中空的塔每层均铺设木楼板，有木梯可登临。实心塔在底层设有塔室，二层以上的部分为实心，如西安户县敬德塔、铜川重兴寺塔、铜川的柏树塬塔和延昌寺塔。除此之外，这一时期还出现了"双壁塔心室"，即塔内设有塔室，在塔壁内设置砖梯，沿塔壁盘旋上至第二层，二层以上的部分为单壁中空，如延安岭山寺塔。

3. 塔面装饰

平坐栏杆

陕西现存的宋塔大部分都隐砌平坐，平坐本是为了走出塔门观景而建，但是陕西宋塔中的平坐全部为假平坐，仅起装饰作用。

平坐的做法主要有以下几种：一种是平坐下作仿木结构，用砖斗栱承托，隐砌出椽头、瓦垄，如咸阳旬邑泰塔、咸阳彬县开元寺塔、西安户县敬德塔、咸阳永寿武陵寺塔、咸阳礼泉香积寺塔和宝鸡岐山太平寺塔（第二层做平坐）；另一种不用斗栱，仅用平砖隐砌，如铜川重兴寺塔、延安富县柏山寺塔和铜川延昌寺塔；第三种做法是在平坐下装饰莲瓣，如宝鸡太平寺塔第三层塔身的平坐下装饰有三层莲瓣。平坐下的斗栱多用五铺作出双杪斗栱，也有用一斗三升出耍头式斗栱（如西安户县敬德塔）和六铺作出三杪斗栱（咸阳永寿武陵寺塔、宝鸡岐山太平寺塔第二层平坐）。平坐上并隐砌出假栏杆，环绕塔身一周。阑版上通常都隐刻卧棂纹或菱格纹、菱格球纹、十字方格纹，以及龙凤、流云等精美图案。

金代的塔平坐下均不做斗栱，仅以平砖隐砌，栏杆华版同样隐刻出卧棂纹、菱格纹、荷花纹等。

倚柱、阑额、斗栱

除底层外，陕西的宋塔塔面多为素面，如岭山寺塔；或做仿木结构，以砖隐砌出倚柱、阑额及斗栱，如咸阳旬邑泰塔、延安富县柏山寺塔等。倚柱将塔面分为三间，当心间面阔有些大于次间面阔，有些相同。还有当心间面阔小于次间的情况，如延安富县柏山寺塔。也有倚柱将塔面均分为两间的做法。柱头上均以平砖隐砌出阑额及普拍方，上坐斗栱。或是柱头上直接砖隐砌出柱头铺作。在塔身转角处做转角铺作。

补间铺作的做法也有多种情况，依据塔面面阔大小及斗栱用材，有些塔当心间与次间均有与柱头铺作相同样式的补间铺作，如铜川神德寺塔；有些塔仅当心间有补间铺作，如宝鸡岐山太平寺塔，有些塔则不用补间铺作，如延安富县福严院塔第四～七层塔身。

斗栱样式较为丰富，主要有一斗三升出耍头、五铺作出双杪、六铺作出三杪三种形式。五铺作出双杪形式的斗栱比较普遍，其次为一斗三升出耍头，而六铺作出三杪斗栱仅在商洛山阳丰阳塔的第一～三层上出现过，做法粗糙，或为后代修葺时所造。

门窗

陕西地区的宋塔一般在底层辟有券门，或在相对应的两面对辟券门。第二层以上每层每面正中做真（假）券门或过梁式长方形假板门，假板门素面或饰有乳钉。券门与假板门通常相间设置，且上下各层位置相间。也有隔一层辟券门、位置相错的做法。这种券门位置相错的做法增强了塔体的抗裂性，延长了塔的寿命。

真假券门及假板门两侧通常隐砌方形假窗，假窗隐刻花纹，多以直棂纹、卧棂纹、菱格纹为主。也有部分塔在券门或假板门两侧不做任何装饰。

4. 塔檐

塔檐有两种做法：一种为做仿木结构出檐，另一种为叠涩出檐。

仿木结构出檐即于斗栱之上隐砌撩檐方，其上再做单排或双排仿木椽头，双排椽头下排为圆椽上排为方椽，或两排均为方椽，椽头上隐砌出滴水、瓦当或瓦垄。

叠涩出檐即在斗栱之上，以平砖与菱角牙子组合的方式层层出挑形成塔檐。平砖与菱角牙子的组合方式有多种，有一层平砖加饰一层菱角牙子，向上为多层平砖叠涩的形式；有隔一层平砖施两层菱角牙子，向上为多层平砖叠涩的形式；也有菱角牙子层数随塔的层数递增的形式。菱角牙子以45°或60°的角度排列，叠涩组合形式无规律可循。

5. 塔顶

塔顶为平砖叠涩收顶，塔刹有铁质塔刹及石塔刹两种材质，但陕西境内现存的宋塔中大部分塔刹已残毁不存。

6. 塔身方孔

现存宋塔身上均有大量方形孔洞，这是建造时搭建的脚手架（宋代称为"鹰架"）留下的。这些洞眼分布在券门以上位置，左右均齐，上下相对，距离适当。

7. 材质

陕西地区宋塔的建筑材质较为单一，现存宋塔主要为砖石质，未见其他材质的实例。

总之，陕西地区现存的宋塔数量众多，较唐塔简单的空筒式塔体结构而言，出现了如延安岭山寺塔这样富有变化的内部结构形式；另一方面，相较于唐塔单一的正方形平面形式，宋塔出现了正八边形及正六边形平面，形式更为丰富。

宋塔最显著的特征是：塔面在券门或假板门两侧隐砌假窗；塔身每层增设平坐栏杆；柱头、阑额上隐砌出斗栱；檐口做仿木结构，对梁枋、斗栱、椽头等仿木构件加工细致。这些特点使宋塔异常生动精美，表现出既庄严稳重、又大方秀丽的气质。

第 2 章
宋（金）元古塔资料汇编

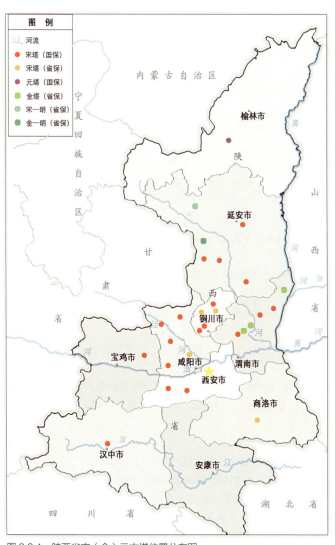

图 2.2.1　陕西省宋（金）元古塔位置分布图

1. 延安岭山寺塔

1.1 文献

■ **历史文献**

1. [清]刘于义. 雍正敕修陕西通志[M]. 钦定四库全书本. 一百卷.

卷十.

嘉岭山。在县东南百八十步，南河之滨，形势高峻，上有古塔（《县册》）。范仲淹大书"嘉岭山"三字刻于石（《潜确类书》）。熙宁十年帅延，因时游观，南上嘉岭，北上九州台，西北猎于伏虎、龙头山，东阅武于武家坪，皆极高深之致（宋吕惠卿《筑四堡记》）。山有"先忧后乐"、"宋朝人物第一"、"胸中自有数万甲兵"、"泰山北斗"、"出将入相"、"一韩一范"各大字。山顶古塔九级，唐建。洪钟一口，金造（《府志》）。

卷十四.

……钟楼在城东南嘉岭山古塔旁。

卷二十八.

岭山寺。在府南一里嘉岭山上，金大定九年建，有塔（马《志》）。明万历三十六年修（《县册》）。

2. [清]洪蕙. 延安府志[M]. 据嘉庆七年刊本影印. 十六卷. 台北：成文出版社有限公司，1970.

卷八.218页.

县城东南一百八十步有嘉岭山。《县志》：南河之滨，形势高峻，上有古塔。《隋书·地理志》：肤施县有丰林山，即此。《陕西通志》：范仲淹大书"嘉岭山"三字刻于石。……旧《志》山顶古塔九级，唐建。洪钟一口，金造。

卷三十六.1022页.

岭山寺。在府南一里嘉岭山上。金大定九年建，有塔。（马《志》）明万历三十六年修（《县册》）。

3. [清]穆彰阿，潘锡恩等. 嘉庆重修一统志[M]. 四部丛刊本. 五百六十卷.

第十四册. 卷二百三十四.

嘉岭山。在肤施县东南一百八十步南河滨，形势高峻，上有古塔。《隋志》：肤施县有丰林山，疑即此。

4. [清]毕沅. 关中胜迹图志[M]. 张沛. 点校. 西安：三秦出版社，2004.

卷二十三.669页.

嘉岭山。在肤施县东南百八十步南河之滨。……《通志》：形势高峻，上有古塔。范仲淹大书"嘉岭山"三字刻于石。谨案：《隋志》有丰林山，应即此。塔唐时所建，塔内有金世所铸钟。

■ **研究资料**

1. 解长峰. 陕西名胜概览[M]. 西安：三秦出版社，2007：550.

延安宝塔是革命圣地延安的标志和象征，是延安城的"城徽"。在延安市区东侧延河岸边的宝塔山（嘉岭山）上。延安宝塔，是中国革命圣地延安的标志和象征，它雄伟壮丽，挺立在宝塔山之上。塔始建于唐代宗李豫大历(766~779年)年间，后经多次修葺，今存塔为明代重修。塔为八角形楼阁式砖塔，高9层，44米，内有楼梯可盘旋上达顶层，每层皆有门窗和砖檐，各层门窗皆装有电灯，节日夜间开灯，光彩夺目。底层有南、北二门，额刻"俯视红尘"和"高超碧落"八字。

塔旁有洪钟一口，为明思宗朱由检崇祯元年(1628年)所铸，一云为金世宗完颜雍大定(1161~1189年)

年间遗物，为嘉岭佛院之旧物。钟高 150 厘米，直径 106 厘米，上部有莲花饰纹，下部有八卦纹。中共中央进驻延安以后，此钟曾用作报时和报警之用。

延安市政府对宝塔进行了多次维修，保持了原貌，并以塔为中心，建造了园林，沿山势至后峰，东至烽火台，面积 400 余亩。

延安宝塔为陕西省重点文物保护单位。

2. 赵克礼. 岭山寺塔（延安宝塔）建筑年代考 [J]. 考古与文物. 2007（05）：99-102.

……对岭山寺塔的诸种建筑年代进行了考证，最终认为：岭山寺塔"唐大历年间建"和"宋仁宗庆历年间重建"之说，没有依据，该塔重建于"万历三十六年"是可信的。

3. 赵克礼. 陕西古塔研究 [M]. 北京：科学出版社，2007：265.

全国重点文物保护单位（1996 年公布）。八边 9 层楼阁式空心砖塔，古称岭山寺塔，现通称延安宝塔。据记载，岭山寺唐、宋时代均建有古塔。现塔为明代建筑，高 44 米，底边长 4.6 米。底层南、北两面有门，门高 2.35 米，南面门额题字为"高超碧落"，门上饰斗栱，门内筑塔室，塔室以砖叠涩收顶，北门额题"俯视红尘"。门内一层有壁内折上砖梯可供登高；塔体二层以上为中空式，有木制楼梯可登临各层。塔身除一层外，交错辟券窗。层间以两层平砖加饰一层菱角牙子共计 11 层叠涩出檐，檐头作仿木椽头一排、无瓦垄。塔顶以 21 层平砖攒尖，塔刹已毁，存塔杆。

4. 罗哲文等. 中国明塔 [M]. 天津：百花文艺出版社，2006.129.

位于陕西延安市东山上，属于楼阁式塔。

此塔建于明代。塔的构造全部用砖砌筑，平面呈八角形，9 层，高 44 米。塔的第一层南北两面辟门，门额上分别刻有"俯视红尘"、"高超碧落"的题字，以描述此塔的雄姿。塔内有盘升蹬道，可以登塔鸟瞰全城景色。

5. 王文清. 陕西省文物志 [M]. 西安：三秦出版社，1995.165.

始建于唐代，现存建筑物系宋代重建。

6. 程平. 陕西古塔 [M]. 西安：陕西科技出版社，1994.77.

延安宝塔，始建于唐代大历年间（766～778 年），宋仁宗庆历年间（1041～1048 年）重修，金世宗大定九年（1169 年）和明神宗万历三十六年（1608 年）曾与修葺。

7. 刘成荣等. 延安市志 [M]. 西安：陕西人民出版社，1994.625-626.

506 页.

宝塔山和延安宝塔：宝塔山，又名嘉岭山，位于延安城延河与南杏子河交汇处。

山上原有宋建之奎星阁，金建之岭山寺、摘星楼（又名隙望台）等。山北侧右脚下石壁刻字甚多，其中"嘉岭山"三大字（每字高 3.68 米，宽 3.37 米）是宋范仲淹所题，明初重刻。还有宋、明、清、民国以来名人题写的"胸中自有甲兵数万"、"云出凌空"、"革命导师"等题词。沿河北有"范公井"等古迹。延安宝塔，建于唐代，高 9 层，44 米。塔底层有南、北二门额布"俯视红尘"和"高超碧落"八字。塔内有阶梯可登塔顶。原塔是岭山寺院舍利塔，名为"锁骨菩萨塔"。塔旁有金造洪钟一口（已毁）。现有明崇祯元年建造的洪钟一口。1937 年后，宝塔成了延安的象征，始名"延安宝塔"。1959 年 8 月 1 日～9 月 25 日，延安县人民政府重新补修了宝塔，4 层以上用钢筋水泥箍塔身，塔尖安装避雷针，塔身安装了彩色电灯，遇有节日或重要来宾之晚，灯光彩照，金碧辉煌。

625-626 页.

对岭山寺塔的形制特征、历年维修大事记、管理现状及文物价值等基本状况进行了描述。并摘录了四首咏宝塔的诗赋。

8. 延安地区文物普查队. 延安地区古塔调查记 [J]. 文博.1991（02）：3-15，74；图版壹—肆.

延安宝塔位于延安城东南嘉岭山上。八角九级楼阁式砖塔，高 44 米。底层围长 36.8 米，并辟有南北二塔门，塔门均高 2.35 米。南面塔门上方横额原书"高超碧落"四字。北面塔门上方横额原书"俯视红尘"四字。南面塔门内辟有塔室，顶部以 21 层砖叠涩收分，呈八角覆斗状。北面塔门内辟有砖砌梯道，采取壁内折上式结构，可通第二层。第二层以上为空心式，各楼层采用木过梁承担楼板的结构形式，用木扶梯逐层攀援而上。宝塔底层不开窗，第九层为 4 面开窗。其余二~八层，每层或开 1 至 2 个塔窗不等。塔形外观以素为主，各层间以砖叠涩出檐，檐下并有砖雕仿木结构枋与椽。塔砖规格为 45.7 厘米 ×23 厘米 ×9 厘米。塔砖砌筑方法除第一层为七顺一丁外，以上各层均为长砖平砌。

关于延安宝塔的建筑年代，嘉庆本《延安府志》卷八记载："肤施（即今延安市）县城东南一百八十步有嘉岭山，……山顶古塔九级，唐建。"《太平广记·卷一〇一·释证类》延州妇人条目载："昔，延州有妇人，白皙，颇有姿貌，年可二十四、五，孤行城市，年少之子，悉与之游，狎昵荐枕，一无所却。数年而殁，州人莫不悲惜，共醵丧具，为之葬焉。以其无家，座于道左。（唐代宗）大历中（公元 766 至 779 年），忽有胡僧自西域来，见墓，遂跌坐，具敬礼焚香，围绕赞叹数日。人见，谓之曰："此一淫纵女子，人尽夫也。以其无属，故瘗于此，和尚何敬耶？僧曰：非檀越所知，斯乃大圣，慈悲喜舍，世所之欲，无不徇也。此即锁骨菩萨，顺缘已尽。圣者云耳不信，即启以验之，众人即开墓，视遍身之骨，钩结皆如锁状，果如僧言。州人异之，为设大斋起塔焉。"据此，则延州道左为锁骨菩萨"设大斋"所起之"塔"，当即延安宝塔。当时是作为舍利塔修建的。此后，宋仁宗庆历年间（1041 至 1048 年）由范仲淹（时任延州知州）主持对延安宝塔予以重建。金世宗大定九年（1169 年）、明神宗万历三十六年（1608 年）曾予以维修。建国以后，1959 年和 1984 年，人民政府曾两次拨款对延安宝塔进行了维修。

1.2 测绘图

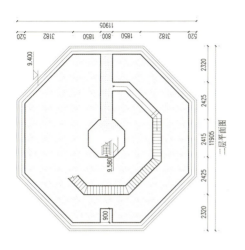

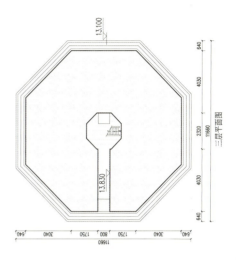

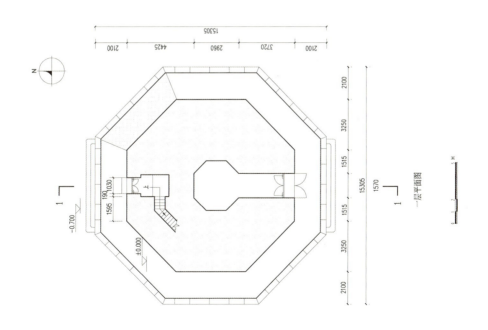

图 2.2.2 延安岭山寺塔第一~三层平面图

图 2.2.2 延安岭山寺塔第四～九层平面图

第二部分 宋(金)元古塔(960~1368年) | 87

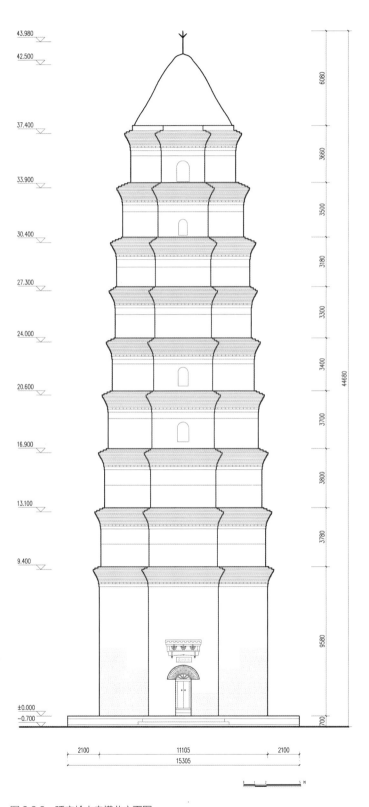

图2.2.3 延安岭山寺塔北立面图

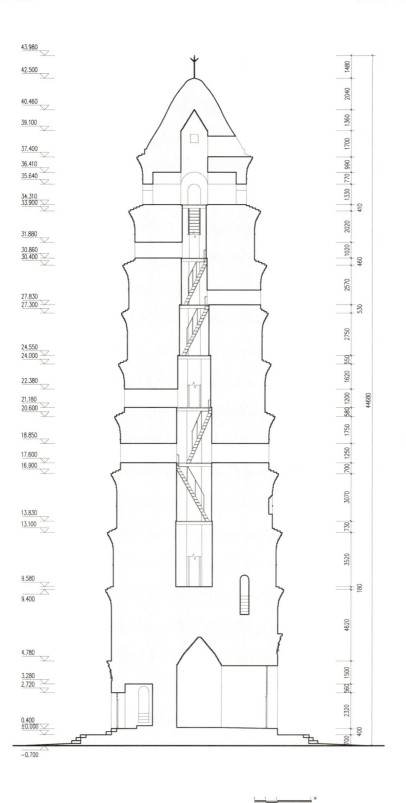

图 2.2.4　延安岭山寺塔 1-1 剖面图

1.3 维修大事记

序号	时间	内容
1	宋仁宗庆历年间（1041~1048 年）	重修
2	金世宗大定九年（1169 年）	维修
3	明神宗万历三十六年（1608 年）	维修
4	1959 年秋季	全面维修
5	1984 年	全面维修
6	1993 年	勘探及维修

1.4 图像资料

■ 历史图像

1. 赵立瀛. 陕西古建筑 [M]. 西安：陕西人民出版社，1992：彩图第 12 页.（图 2.2.5）
2. 李魁元. 华夏古塔集锦 [M]. 西安：陕西旅游出版社，2001：96.（图 2.2.6）

■ 现状照片（图 2.2.7）

图 2.2.5 《陕西古建筑》所载延安岭山寺塔照片

图 2.2.6 《华夏古塔集锦》所载延安岭山寺塔照片

图 2.2.7 延安岭山寺塔

2. 咸阳旬邑泰塔

2.1 文献

■ 历史文献

1. [清] 林逢泰. 三水县志 [M]. （陕西省图书馆藏稀见方志丛刊·第六册）. 四卷（本册卷首至卷三）. 北京：北京图书馆出版社，2006：447-678.

卷二 .557 页.

泰塔在邑城东北隅，高十五丈，七级八角，二十四窗，瓷砌甚工，其阴建宝塔寺。旧《志》载唐吐蕃入寇，塔经火焚，积久损伤，塔遂东斜。万历间邑人文运开萅之，顺治甲午六月十日地震，仍端正如初。辛亥旧屯厅沈光禧闻其胜槩，捐资筑垣，邑士庶因重修焉。叠棚运梯，陟巅眺远，乃一邑奇观。

2. [清] 葛德新，朱廷模. 乾隆三水县志 [M]. （中国地方志集成·陕西府县志辑·第十册）. 据清光绪十年刻本影印. 十一卷. 南京：凤凰出版社，2007：465-527.

卷四 .487 页.

县旧志泰塔在城东北隅，高十五丈，其阴建宝塔寺。旧《志》载唐吐蕃入寇，塔经火焚，积久损伤，塔遂东斜。万历间县人文运开萅之。顺治甲午六月十日地震，仍端正如初。辛亥旧屯厅沈光禧闻其胜槩，捐资筑垣，邑士庶因重修焉。

■ 研究资料

1. 丘富科. 中国文化遗产词典 [M]. 北京：文物出版社，2009：337.

全国重点文物保护单位，批号 V—417，北宋砖塔古建筑。位于陕西省旬邑县城旬邑中学内，创建于北宋嘉祐四年（1059 年），为八角 7 层楼阁式砖塔，通高 53 米，底径 12 米。塔身结构为单壁中空。底层北面辟券门，内设塔心室，二层以上每层设四个券门。每层均作仿木结构三间，每层均叠涩出檐，石制角梁外端为螭首形，自翼角向外挑出，螭首悬风铃，石雕宝塔式塔刹。塔身内设楼梯，可供登临。

2. 中国文物学会专家委员会. 中国文物大辞典（下册）[M]. 北京：中央编译出版社，2008（第 1 版）：1052.

北宋砖塔。位于陕西省旬邑县，创建于北宋嘉祐四年（1059），后代续修。八角形 7 层仿木构楼阁式。高 53 米，单壁中空。塔身底层北面辟券门，内设塔心室。第二层以上每层设四券门，上下位置逐层相错。每层三间，并有倚柱、阑额、平坐斗栱和勾栏。当心间或辟券门或装饰假门，两侧均饰以直棂窗或球形菱花格子窗。每层叠涩出檐。塔刹为石雕宝瓶式。2001 年 6 月 25 日国务院公布为第五批全国重点文物保护单位。

3. 曾维华. 中国古史与文物考论 [M]. 上海：华东师范大学出版社，2008：356-357.

在今陕西省旬邑县城内。又名旬邑塔。据塔身第六层一砖刻题记，塔建于北宋嘉祐四年（1059 年）。八角 7 层，砖石楼阁式结构，高 56 米。底层北面正中辟有半圆形券门，经甬道可进入塔心小室。从第二层起，每层都有拱形门洞与长方形假门相间，逐层依次变换方位。门两侧各有砖砌直棂窗，或为砖刻球形菱花格子窗，其外施砖砌曲尺栏杆，甚为精巧美观。各层塔檐在转角部位的中心线上，用青石柱一根，其外端均雕凿螭首，伸出翼角。螭首颈部各有铁铸环套，以系风铎。全塔外观秀丽挺拔，装饰典雅。塔内设有木梯，可盘旋登临远眺。现为全国重点文物保护单位。

4. 咸阳市文化局．咸阳文物古迹大观[M]．西安：三秦出版社，2007：210-211．

位于旬邑县城旬邑中学院内，北距凤凰山150米，东距211国道300米，南距汃河1000米，地理坐标东经108°20′0.5″、北纬35°06′57.4″，海拔高度1025米。据《三水县志》记载："泰塔在城东北隅，高一十五丈，其阴建宝塔寺。旧志载唐吐蕃入寇，塔经火焚，积久损伤，塔遂东斜。万历年间县人文运开葺之，顺治甲午六月十日地震，仍端正如初，辛亥旧屯厅沈光禧闻其胜槩，捐资筑垣，邑人庶因重修焉。"

泰塔建于北宋嘉祐四年（1059年），1957年维修时，在塔身第六层北面东侧槛窗上发现一块砖刻题记，上刻有"嘉祐四年正月中建"字迹，说明该塔始建于北宋嘉祐四年正月，距今已有900多年历史。

该塔为砖木结构楼阁式，保留着宋代建筑的典型特征。塔高53米，平面呈八边形，7层，底层直径为12米。塔身底层北面辟砖券拱门，内设塔心室，通过甬道以进入塔内。从塔的二层开始一直到顶层，每层均辟4个砖券拱门，长方形假门相间，上下层位置交错。二层之上每层均用青砖刻出仿木构三间，雕刻出倚柱、阑额、平坐勾栏。在当心间辟砖券拱门或长方形假板门，两侧均用青砖刻出直棂窗，或雕出毬形菱花格子窗与曲尺形栏杆，制作精巧细腻。每层均叠涩出檐，用石材做角梁，八个角端处均有石雕螭首，螭首上悬挂风铃，清风吹来，铃声清脆悦耳。在塔的顶端，置石雕宝瓶式塔刹，按东南西北方向铸有四个铁人，对面相跪，颈系铁索，连于塔刹戟叉形避雷器上，整个造型惟妙惟肖，工艺精细考究，为塔中珍品。塔身结构为单壁中空，每层均设楼梯、楼板，可供游人登塔眺望。20世纪50年代初，塔身残破不堪，且向东北倾斜。经上级有关部门批准，于1957年8月15日起历时一年，对泰塔进行了大规模加固维修，补充了塔身及塔顶外包砖，重系各角端螭首风铃，完善塔内木质楼梯楼板，塔顶装置避雷设施，塔院修筑了花墙，地面皆用方砖铺设。

1996年测量，塔顶偏离中心点1.978米。1998年，对塔基排水做了处理。

1957年5月31日，陕西省人民委员会公布泰塔为陕西省重点文物保护单位。陕西省政府于1992年公布其保护范围。其重点保护区（A区）：塔基底边外延53米。一般保护区（B区）：同重点保护区。建设控制地带（C区）：同一般保护区。2001年6月25日，国务院公布泰塔为全国重点文物保护单位。

5. 赵克礼．陕西古塔研究[M]．北京：科学出版社，2007：209-210．

全国重点文物保护单位（2001年公布）。八边7层楼阁式空心砖塔。通高53米，底径12米。塔身底层北面辟券门；二层以上每层辟四券门，隔层位置交错，每面作仿木结构三间，砌出倚柱、阑额、平坐栏杆，当心间辟门或饰假板门，两侧饰直棂或菱格窗。层间叠涩出檐，以石作角梁，外端雕螭首，自翼角伸出，上系风铃。塔檐和平坐下的斗拱均为五铺作双杪偷心造，当心间补间铺作一朵。塔顶上的石雕宝瓶式塔刹，为20世纪50年代整修时所加。"塔顶端四周有铁人4尊，相对而跪，颈系铁索，连接塔顶中央。"塔身单壁中空，设木梯可登临。1957年维修时，见"塔身第六层北面东侧栏窗上的一块砖刻题记称：起塔时间为嘉祐四年（1059年）正月中"。该塔造型秀丽、典雅，是宋塔中具有准确建筑年代的标准塔形。"1957年，经各级政府呈请中央批准，对该塔进行维修，次年竣工"。20世纪中期，塔内木楼梯及部分门窗受损，"1978年，在文物管理部门大力协助下，再次修复"。

历史上，泰塔曾有过偏斜进而复端的记载。由于种种原因，现在泰塔又开始偏斜。至2006年，"泰塔向东北倾斜，偏离中心线2.051米，倾斜度达到1度55分48秒，且墙体出现几处裂痕"，2006年，陕西省文物厅为此拨款10万元，专门用来保护泰塔。"

6. 赵立瀛．陕西古建筑[M]．西安：陕西人民出版社，1992：180．

泰塔在旬邑县城内北街，砖造，八角形，7层，楼阁式，高约56米。塔第六层北面有砖刻"嘉祐四年（1059年）正月中建"字样，可知塔为宋代所建。

底层北面正中辟券门，内有塔心室。二层以上每层有券洞与长方形假门相间，上下层位置相错，因而增强了塔壁整体刚性。券洞假门两侧砌作直棂窗，并刻作毬形菱花格子和曲尺形栏杆。

塔身结构为单壁中空，有木梯可登至顶层。叠涩出檐以石作角梁，雕作螭首。

塔造型典雅秀美，表现出宋塔特有的艺术风格。

2.2 测绘图

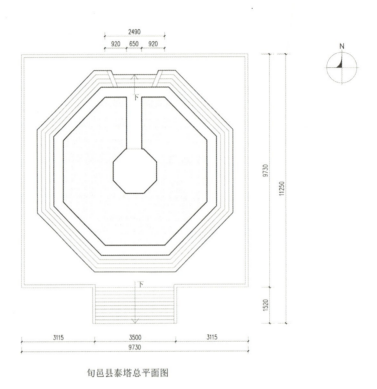

旬邑县泰塔总平面图

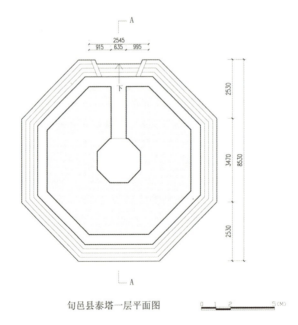

旬邑县泰塔一层平面图

图 2.2.8　咸阳旬邑泰塔平面图（一）

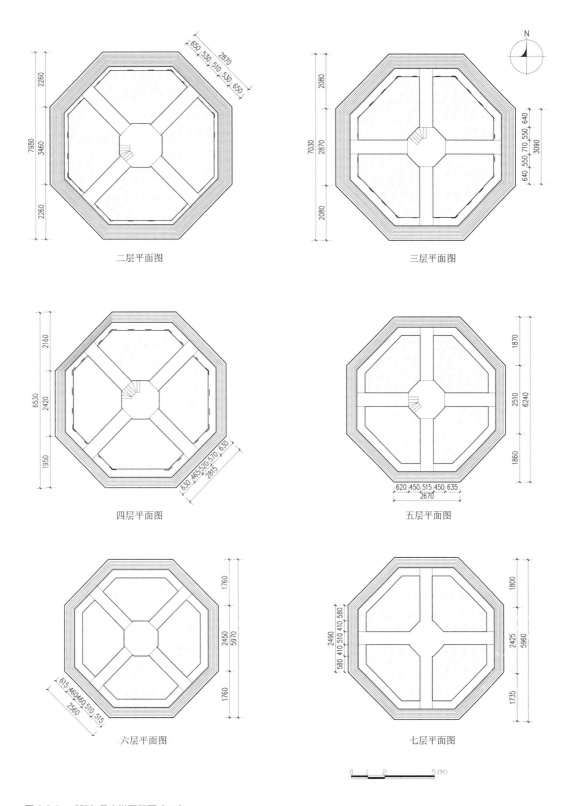

图 2.2.9 咸阳旬邑泰塔平面图（二）

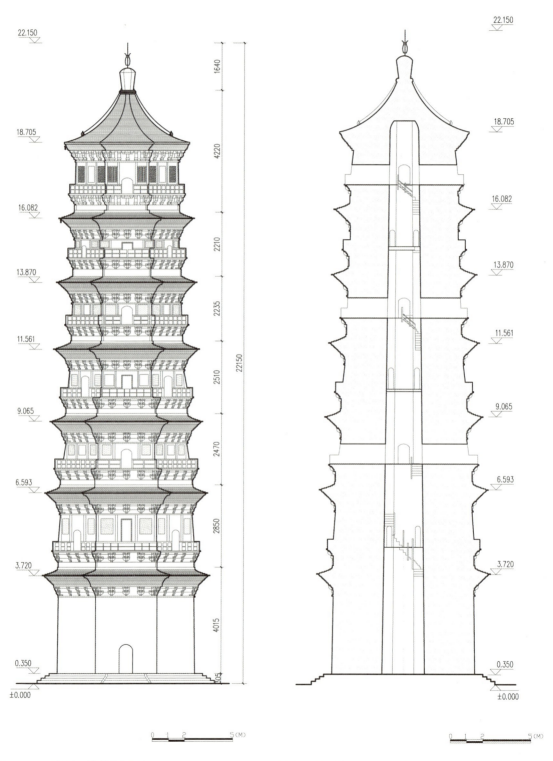

图 2.2.10　咸阳旬邑泰塔北立面图　　　　　　　　图 2.2.11　咸阳旬邑泰塔 A-A 剖面图

2.3 维修大事记

序号	时间	内容
1	明神宗万历年间（1573~1620 年）	维修
2	清顺治甲午年（1654 年）	重修
3	1957 ~ 1958 年	大规模维修与加固，补充了塔身及塔顶外包砖，各角梁的龙头下面系有风铃，塔内加装木质楼梯，塔顶安装避雷器，塔院新修花墙，并用方砖铺设地面
4	1998 年	对塔基排水作了处理

2.4 图像资料

■ 历史图像

1. [清] 林逢泰. 三水县志 [M].（陕西省图书馆藏稀见方志丛刊·第六册）. 四卷（本册卷首至卷三）. 北京：北京图书馆出版社，2006.

　　卷一 .506-507 页.（图 2.2.12）

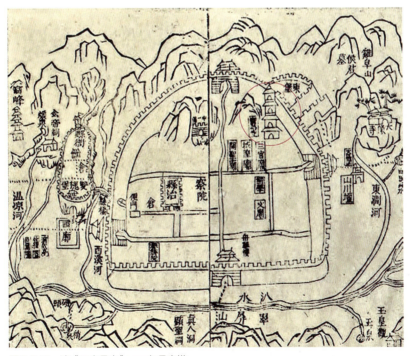

图 2.2.12　清《三水县志》——旬邑泰塔

2. [清] 葛德新，朱廷模. 乾隆三水县志 [M].（中国地方志集成·陕西府县志辑·第十册）. 据清光绪十年刻本影印. 十一卷. 南京：凤凰出版社，2007.
  卷十一.524-525 页.（图 2.2.13）

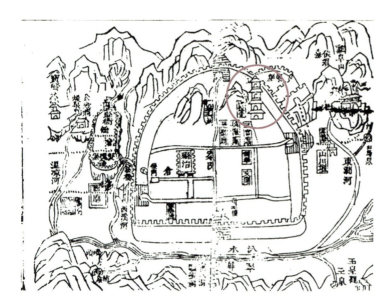

图 2.2.13　《乾隆三水县志》——旬邑泰塔

3. [清]. 姜桐冈. 同治三水县志 [M].（中国地方志集成·陕西府县志辑·第三十册）. 据清同治十一年刻本影印. 十二卷. 南京：凤凰出版社，2007.
  卷一.544 页.（图 2.2.14）

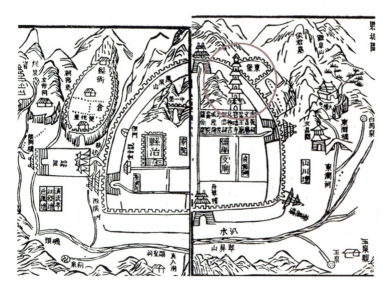

图 2.2.14　《同治三水县志》——旬邑泰塔

4. 李魁元. 华夏古塔集锦 [M]. 西安：陕西旅游出版社，2001：106.（图 2.2.15）

■ **现状照片**（图 2.2.16）

图 2.2.15　《华夏古塔集锦》所载咸阳旬邑泰塔照片

图 2.2.16　咸阳旬邑泰塔

3. 咸阳彬县开元寺塔

3.1 文献

■ 历史文献

1. [清]泰嘉兆，苏东柱. 邠州志[M]. (陕西省图书馆藏稀见方志丛刊·第六册). 四卷. 北京：北京图书馆出版社，2006：1-416.

卷一.77页.

开元古塔。贞观初尉迟恭监造，州城内西南。

2. [清]刘必达. 民国邠州县新志稿[M]. (中国地方志集成·陕西府县志辑·第十册). 据民国十八年铅印本之钞本影印. 二十卷. 南京：凤凰出版社，2007：413-464.

卷十八.455页.

开元寺。在城内西南隅，唐贞观中建，今废，惟塔尚存。

■ 研究资料

1. 丘富科. 中国文化遗产词典[M]. 北京：文物出版社，2009：338.

全国重点文物保护单位，批号Ⅴ—423，北宋砖塔古建筑。位于陕西省彬县县城内，俗称"雷峰塔"。该塔创建于北宋皇祐五年（1053年），为八角七层楼阁式砖塔，底层每边长5.6米，通高47.84米，单壁中空。底层辟南北二券门，二层以上每层设四个券门，上下位置逐层相错，每层均作仿木结构三间，每层均叠涩出檐，塔顶为砖砌攒尖顶，上置铁质塔刹。

2. 中国文物学会专家委员会. 中国文物大辞典（下册）[M]. 北京：中央编译出版社，2008：1052.

俗称雷峰塔。北宋砖塔。位于陕西省彬县。创建于北宋皇祐五年（1053）。为八角形7层楼阁式，高48米，攒尖顶，单壁中空。底层辟南北两券门，二层以上每层设四个券门，上下位置逐层相错。二层以上均作仿木结构，并砌出倚柱、阑额、平坐斗栱和勾栏。每层当心间两侧均饰以直棂窗。每层叠涩出檐，并砌菱角牙子，平坐下施斗栱，为五铺作双杪。铁质塔刹。2001年6月25日国务院公布为第五批全国重点文物保护单位。

3. 咸阳市文化局. 咸阳文物古迹大观[M]. 西安：三秦出版社，2007：209.

俗称"彬塔"，位于彬县县城西大街唐开元寺遗址内，南靠紫微山，现为县体育场所在地。塔东、西1公里处为南沟水和西沟水，南100米处有312国道经过，北约1.5公里处有泾河。其GPS定点为："东经108°04′27″，北纬35°02′09″"。

该塔为一座平面呈八边形7层仿木结构的楼阁式砖塔，塔高47米，塔底宽14米。塔基第一层每边长5.60米，正南正北各有一宽1.61米的券门，塔壁厚4.60米。塔体外壁为磨砖对缝，粘接使用黄胶泥，内结构为空筒式，单壁中空，各层有经过恢复的木楼梯。塔体每层各面均为三开间，中间为券门洞或竖形隔扇假门，逐层依次变换方位，用砖做出隐柱，柱头斗栱为一朵一斗三升，斗栱上叠涩出檐。塔檐上置平坐栏杆，每角做一转角斗栱。塔刹为铁质，中间为一仰莲瓣。塔内净空宽4.50米，170级转角楼梯盘旋而上，每层之间架以木质楼板，可供登临。

1985年4月下旬维修彬塔时，发现铁刹相轮上铸有"大宋皇祐五年（1053）岁次癸巳秋八月十四日建谨记"，证明该塔建于宋代。同时在塔顶铁刹周围还发现有结跏趺坐佛7尊，立佛6尊，半结跏趺坐像5尊，观音菩萨像8尊，莲花坐佛4尊，莲瓣形佛座1个，铜镜2面，"大观通宝"、"宣和通宝"等文物。

1985～1986年陕西省文物局拨专款对开元寺塔的塔檐、斗栱、平坐栏杆、塔体裂缝等进行了加固维修，恢复了木楼梯，并在塔内加装了壁灯，木梯上包了角钢。

1956年陕西省人民委员会公布开元寺塔为省级重点文物保护单位，建立了"四有档案"。陕西省政府于1992年划定了保护范围。其重点保护区（A区）：东到县委西墙，北至保护标志，南至塔南10米处，西至塔西10米处。一般保护区（B区）：塔基四周外延300米。建设控制地带（C区）：同一般保护区。2001年6月25日，国务院公布彬县开元寺塔为全国重点文物保护单位。

4. 赵克礼. 陕西古塔研究[M]. 北京：科学出版社，2007：207-208.

全国重点文物保护单位（2001年公布）。八边7层楼阁式空心砖塔，又称彬县塔，寺建于唐代，今已无存。塔高47.84米，底边长5.6米。塔身一层南北两面辟券门，二层以上每面以隐出砖柱分为三间，中间为券窗与带乳钉的假板门相间，逐层相错，券窗或假门两侧，施直棂窗或海棠状花纹窗；层间以平砖加菱角牙子叠涩出檐，檐头饰砖雕椽头与瓦垄，檐下为双杪五铺作偷心造斗栱，一至四层补间两朵斗栱，随着塔体的内收，五、六层补间施一朵斗栱，疏密有当，繁而不乱；檐上以斗栱承托平坐栏杆，富丽壮观；平砖攒尖收顶，上置铁制塔刹，现只存仰覆莲刹座与相轮。明清《邠州志》均称该塔为"开元古塔"，《邠州志》载"贞观初尉迟敬德监修在州城南"。1985年4月25日，维修古塔者在塔刹莲花座上发现铭文"大宋皇祐五年岁次癸巳秋八月十四建谨记"。"皇祐"为宋仁宗年号，"皇祐五年"为1053年，据此，彬县开元寺塔为宋塔无疑。

5. 李之勤. 唐邠州开元寺的始建年代及其名称演变[J]. 文博.1990（06）：39-40,16.

根据《开元寺残碑》认为：开元寺是为了适应中宗复位，大唐中兴的政治形势而于神龙元年"肇建"，并以中兴寺为名；又于神龙三年为适应"内外不得言中兴"的政治气候而被改为龙兴寺；开元二十六年，为适应第三种政治气候又被改为开元寺。

3.2 测绘图

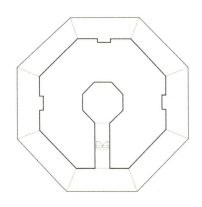

彬县开元寺塔底层平面图

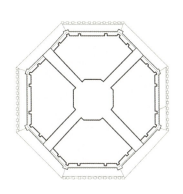

彬县开元寺塔一层平面图

图 2.2.17 咸阳彬县开元寺塔平面图

3.3 维修大事记

序号	时间	内容
1	1982 年	维修
2	1984 年	对塔檐、斗栱、平坐栏杆、券洞、门窗、角梁及塔体、塔内楼板阶梯等进行了加固和修复
3	1985 年	维修
4	1985～1986 年	对塔进行了全面维修，在塔内加装了壁灯，木梯包上了角钢等
5	1993 年	对宝塔进行了勘探及维修
6	2001 年 11 月	回填盗洞
7	2003 年 11 月 6 日～12 月 7 日	对塔体南侧整体回填夯实并规划成绿化带，用闲置砖砌筑挡土墙、排水沟，解决了塔体排水不畅、挡土墙掉落的难题

3.4 附属文物一览表

序号	名称	数量
1	结跏趺坐像	共 7 尊
2	立佛	共 6 尊
3	半结跏坐像	共 5 尊
4	观音菩萨像	共 8 尊
5	莲花坐佛	共 4 尊
6	莲瓣形佛座	共 1 个
7	铜镜	共 2 面
8	壸门座铜棺	共 1 个
9	货币	共 86 枚
10	兽纹图案货币	共 1 枚
11	符印钱	共 1 枚
12	铁箭镞	共 1 个

3.5 图像资料

■ **历史图像**

1. 李魁元. 华夏古塔集锦 [M]. 西安：陕西旅游出版社，2001：101.（图 2.2.18）
2. 原廷宏，冯希杰. 一五五六年华县特大地震 [M]. 北京：地震出版社，2010：285.（图 2.2.19）

■ **现状照片**（图 2.2.20）

图 2.2.18 《华夏古塔集锦》所载咸阳彬县开元寺塔照片

图 2.2.19 《一五五六年华县特大地震》所载咸阳彬县开元寺塔照片

图 2.2.20 咸阳彬县开元寺塔

4. 渭南澄城精进寺塔

4.1 文献

■ 历史文献

1. [明]李贤等.明一统志[M].西安：三秦出版社，1990.

卷三十二.563页.

精进寺。在澄城县东门外，元建。

2. [明]徐效贤，敖佐.澄城县志[M].咸丰元年刻本.二卷：国家数字图书馆.（http://mylib.nlc.gov.cn/system/application/search/displayClient/metaDataObjectDisplayRedirectpage.jsp?metaData.lld=978095&metaData.id=973614&ldLib=40283415347ed8bd0134833ed5d60004）.

卷一.23页.

精进寺。在东郭门外迤南，唐肃宗时建，习仪于斯僧会焉。元将军合阳郭思德过此有诗。

3. [清]刘于义.雍正敕修陕西通志[M].钦定四库全书本.一百卷.

卷二十九.

精进寺。在县东门外。唐肃宗建，有浮图九级（贾《志》）。本朝康熙二十三年重修（《县册》）。

4. [清]毕沅.关中胜迹图志[M].卷十三张沛.点校.西安：三秦出版社，2004.

卷十三.433页.

精进寺。在澄城县东门外。《通志》：唐肃宗建，有浮图九级。本朝康熙二十三年（重）修。

5. [清]穆彰阿，潘锡恩等纂修.嘉庆重修一统志[M].四部丛刊本.五百六十卷.

卷二百四十五.

精进寺。在澄城县东门外，唐肃宗时建，有浮图九级。

6. [清]姚钦明.澄城县志[M].咸丰元年刻本.二卷：国家数字图书馆.（http://mylib.nlc.gov.cn/web/guest/search/shuzifangzhi/medaDataObjectDisplay?metaData.id=973615&metaData.lld=978096&ldLib=40283415347ed8bd0134833ed5d60004）.

卷一.16页.

精进寺。邑贡士杜芊有《重修纪》。

■ 研究资料

1. 中国文物学会专家委员会.中国文物大辞典（下册）[M].北京：中央编译出版社，2008：1034.

又名宝塔。唐至宋砖塔。位于陕西省澄城县内东街。始建于唐肃宗年间，北宋庆历七年（1047年）重修，明清屡经修复。方形9层楼阁式，高33.12米，空心。塔基周长28米，每层有隐出柱子和额枋，各层卷门隔间上下相错。第五层斗栱出两跳，单昂偷心造。该塔既有唐代风味，又有宋代特点。2006年5月25日国务院公布为第六批全国重点文物保护单位。

2. 解长峰.陕西名胜概览[M].西安：三秦出版社，2007：499.

在澄城县城东大街。精进寺塔，据《澄城县志》所载："精进寺在东门外以南，唐肃宗（李亨）时建，浮屠9级。"此塔为昔精进寺塔，9级，空心，方形，密檐式砖塔，高38米，塔顶有铁刹相轮，日久稍倾。清圣祖玄烨康熙二十三年（1684年）曾予修葺，每层有隐出柱子和额枋，也有券门，逐层交错。第五层斗栱出两跳，单栱偷心造，既保持唐代风格，又有宋代特点。此塔形似西安大雁塔，庄重雄伟。

精进寺塔为全国重点文物保护单位。

3. 赵克礼. 陕西古塔研究 [M]. 北京：科学出版社，2007：245.

全国重点文物保护单位（2006年公布）。方形9层楼阁式空心砖塔。寺已无存。塔始建于宋庆历七年（1047年）。通高33.12米，底边长6.5米。底层较高，西向辟券门，一层壁厚2米。塔身四面均以隐出砖柱分为三开间，平砖加饰菱角牙子叠涩出檐，檐下饰额枋、斗栱。斗栱类型二三层为"一斗三升"式，第五层塔檐斗栱为双杪五铺作单昂偷心造，其他各层，只饰栌斗。二层以上每面当心间辟券门或假门，次间各砌一假直棂窗；券门为二、四、六、八层南、北开，三、五、七、九层东、西开。倚柱、券门、假券门及假窗均有涂朱痕迹。层间以7层平砖叠涩出檐，塔顶平砖攒尖，置相轮铁刹。1993年搭架测绘，发现刹座上铸有"维大宋国同州澄城县于庆历柒年岁次五月动工"铭文。1955年、1989年层对该塔两次维修，加固了塔基。

4. 崔乃夫. 中华人民共和国地名大词典（第5卷）[M]. 北京：商务印书馆，2002：7576.

在澄城县澄城东门外，唐精进寺内。建于唐肃宗年间。砖结构，四方形9层，高38米。顶为铁刹，相轮完好。每层隐出柱子和额枋，四面有券门，隔间上下闪开。第五层斗栱出两挑，单栱偷心造。今据塔的造型，有唐代、宋代特点，疑为五代建筑。1992年4月定为省级文物保护单位。

5. 国家文物局. 中国名胜词典（精编本）[M]. 上海：上海辞书出版社，2001：1216-1217.

精进寺塔在澄城县城内东街。方形九级楼阁式砖塔，塔内中空，高33.12米。塔顶稍倾斜。每层有隐出柱子和额枋，券门隔间上下相闪开。第五层斗栱出两跳，单昂偷心造，既有唐代风格，又具宋代特点。1993年3月，在铁制塔刹座上发现铸有"维大宋国同州澄城县庆历柒年（1047年）岁次五月动工"字样。

6. 袁明仁等. 三秦历史文化辞典 [M]. 西安：陕西人民教育出版社，1992：927.

精进寺塔位于陕西澄城县城内东街。据《澄城县志》载："精进寺在东门外以南，唐肃宗时（756~761年）建，浮图九级。"精进寺塔在精进寺内，似为五代时建筑。根据塔的平面设计和建造手法既有唐代风格又具宋代构造特点，塔为九级楼阁式砖砌方形，每层有隐出柱子和额枋。券门隔间上下相闪开。第五层斗栱出两跳。单栱偷心造。塔内中空，塔高38米，塔顶铁刹、相轮完好，顶稍有倾斜。是研究我国古代建筑如何从唐代粗犷壮硕的风格向宋代秀丽挺拔的风格演变的难得的实例。

4.2 维修大事记

序号	时间	内容
1	宋庆历七年（1047年）	复修
2	1989~1990年	加固塔基，回填防空洞等
3	1993~1994年	全面维修

4.3 图像资料

■ 历史图像

1. [清] 戴治撰. 澄城县志 [M]. 乾隆四十九年刻本. 二十卷. 国家数字图书馆.（http://mylib.nlc.gov.cn/web/guest/search/shuzifangzhi/medaDataObjectDisplay?metaData.id=973616&metaData.lId=978097&ldLib=40283415347ed8bd0134833ed5d60004）.

卷一.8-9页.（图 2.2.21）

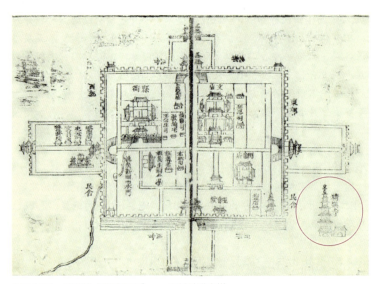

图 2.2.21　清乾隆《澄城县志》——澄城精进寺塔

2. [清] 金玉麟主修. 澄城县志 [M]. 咸丰元年刻本. 三十卷. 国家数字图书馆.（http://mylib.nlc.gov.cn/web/guest/search/shuzifangzhi/medaDataObjectDisplay?metaData.id=973628&metaData.lId=978109&ldLib=40283415347ed8bd0134833ed5d60004）.

卷一.18页.（图 2.2.22）

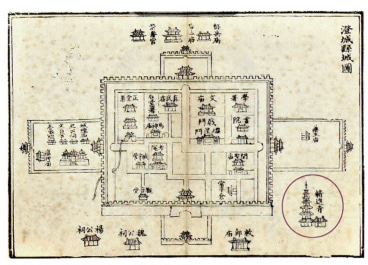

图 2.2.22　《澄城县志》——澄城精进寺塔

3. 李魁元. 华夏古塔集锦[M]. 西安：陕西旅游出版社，2001：98.（图2.2.23）

图2.2.23 《华夏古塔集锦》所载渭南澄城精进寺塔照片

■ **现状照片**（图2.2.24）

图2.2.24 渭南澄城精进寺塔

5. 西安周至大秦寺塔

5.1 文献

■ 历史文献

1. [明] 顾炎武. 金石文字记 [M]. (顾炎武全集·第五册). 六卷. 上海：上海古籍出版社，2011.177-434.

卷四.346 页.

景教流行中国碑，僧景净撰，吕秀岩正书，建中二年太簇月。今在西安府城外金胜寺。

2. [清] 林侗. 来斋金石刻考略 [M]. 钦定四库全书本. 三卷.

卷下.

景教流行中国碑，今在西安城西金胜寺内。僧景净述，吕秀岩书。建中二年。石高五尺四寸，广二尺六寸。计三十二行，每行六十二字。明崇祯间，西安守晋陵邹静长先生有幼子曰化生，生而隽慧，甫能行，便解作合掌礼佛；二六时中，略无疲懈。居无何而病，微瞑笑视，翛然长逝，卜葬于长安崇仁寺之南。掘数尺，得一石，乃景教流行碑也。此碑沉埋千年而今始出，质之三世因缘，此儿其净头陀再来耶？则佳城之待沈彬，开门之俟阳明，此语为不诬矣。见频阳刘雨化集中，字完好无一损者，下截及末多作佛经番字。

3. [清] 孙承泽. 庚子销夏记 [M]. 钦定四库全书本. 八卷.

卷七.

吕秀岩书景教碑。秀岩景教流行中国碑，书法秀逸道劲，唐石之最佳者，予前此未见。己亥之秋，王文含自秦寄来。未知碑在何地，何以能完好如此。

■ 研究资料

1. 张驭寰. 中国古塔集萃（第三卷）[M]. 天津：天津大学出版社，2010：157-158.

自古以来，佛教在周至县一直十分流行，县内建有许多寺院。在周至县城西关建有八云寺，在终南山北坡还建有大秦寺，寺内有大秦寺塔一座。

大秦寺是一组面北的长方形寺院，正殿五大间，东西配殿各三间，前有中大殿及山门，大秦寺塔就建在大殿的东侧，形成大殿和塔并列的布局方式。殿塔并列的寺院布局形制是从我国唐代开始的，日本寺院多为殿塔并列的布局，这也是因为受到了我国古代寺院的影响。

大秦寺塔平面呈八角形，7层，总高度约28米。塔身直出地面，各层只做腰檐和平坐，使用简单的斗栱，一斗三升出耍头，转角与补间各一朵。……方形倚柱。柱头使用阑额一条，塔身上还留有当年施工时的插竿洞眼。塔结构采用壁内折上式，各面门窗洞口互相隔开，开券门洞口。从整体来看，此塔样式简洁明快。

2. 罗哲文等. 中国名塔 [M]. 天津：百花文艺出版社，2006：127.

位于陕西周至县楼观台旁，属于楼阁式塔。

塔的建筑年代已不可知，依其风格判断，应是宋代的遗物。

塔为八角7层，砖砌，高32米。塔的第一层正面辟门，门宽1.38米，每面边长4.30米。第一层塔壁甚厚，达4米左右。塔身二、三、四、五层对开两门，交错而上，到六、七层则前后垂直开门，塔身也急剧收进。塔的外檐出檐甚短，檐下用砖制斗栱，十分简洁。

3. 曾维华. 中国古史与文物考论 [M]. 上海：华东师范大学出版社，2008：337.

大秦寺塔，在今陕西周至县楼观台旁。塔八角7层，为砖砌楼阁式建筑，高约32米。塔底层每面长4.3米，正面辟门，门宽1.38米。底层塔壁甚厚，达4米左右。底层以上的二、三、四、五层，对设两门，交错而上。到第六、七层则在同一方位前后设门，塔身也急剧内缩。塔各层出檐甚短，承托塔檐的砖制斗栱较为简洁。关于塔的建筑年代，未见有准确的文字记载，据塔的建筑风格判断，应为宋代遗物。

4. 解长峰. 陕西名胜概览 [M]. 西安：三秦出版社，2007：149.

在周至县楼观镇楼观台西5里许。大秦寺塔是我国唐代景教所遗留的文物。

大秦寺建于唐德宗李适建中二年(781年)，为波斯来华传教士所建。唐太宗李世民贞观九年(635年)，景教僧人阿罗本由波斯到达唐都长安，唐太宗采取"兼收并容"政策，允许在唐境内传教建寺，大秦寺就是景教在华盛行之时所兴建。唐武则天时，改为佛教寺院。

而今全寺尽无，故址上仅遗留此座宝塔。塔为7层八棱楼阁式景教砖塔，高50米许，是唐代遗留至今全国不多的景教古迹文物。二层以上有楼梯可达七层。登楼可望秦岭北麓和关中大地景色。大秦寺古塔为全国重点文物保护单位。

5. 赵克礼. 陕西古塔研究 [M]. 北京：科学出版社，2007：165-166页.

全国重点文物保护单位（2006年公布）。亦有人称其为"塔村古塔"、"楼观塔"、"镇仙宝塔"。八边七层楼阁式空心砖塔。寺始建于唐，为基督教（当时称"景教"）的寺院，今已无存。塔为宋代建筑，清同治年间曾补修，通高40.9米，一说为"38.26米"或"39米"，前者为大秦寺塔修复后所测数据，和后者的差异是维修时清理了塔下因山体水土流失造成的淤土所致。底边长4.4米。塔身底层北面辟券门，东、南、西三面作假券门。二至六层各辟二券门，位置逐层相错；顶层东、南、西、北四面辟门。据称塔内存有"景教内容的雕塑"，待考。层间叠涩出檐，隐出阑额、菱角牙子、斗栱，一层斗栱刻作"三福云"式样，当为清代修补时所做。角柱均用砖做出隐柱，饰转角斗栱及补间斗栱。其建筑手法与武功报本寺塔极为相似。报本寺塔在维修时已被出土文物证明其建筑年代为宋代，这为断定大秦寺塔为宋代建筑提供了参照标准。塔顶平砖攒尖，置宝珠式塔刹。

5.2 维修大事记

序号	时间	内容
1	1999年1月～2000年8月	加固维修
2	2002年	修补基础、一层砖体、散水

5.3 图像资料

■ 历史图像

1. 李魁元. 华夏古塔集锦 [M]. 西安：陕西旅游出版社，2001：116页.（图2.2.25）
2. 关英. 关中大秦寺塔 [J]. 丝绸之路. 2002（02）：54页.（图2.2.26）
3. 原廷宏，冯希杰. 一五五六年华县特大地震 [M]. 北京：地震出版社，2010：282页.（图2.2.27）

■ 现状照片

图 2.2.25 《华夏古塔集锦》所载西安周至大秦寺塔照片

图 2.2.27 《一五五六年华县特大地震》所载西安周至大秦寺塔照片

图 2.2.26 《关中大秦寺塔》所载西安周至大秦寺塔照片（1998 年）

图 2.2.28 西安周至大秦寺塔

6. 宝鸡岐山太平寺塔

6.1 文献

■ 历史文献

1. [清] 刘于义. 雍正敕修陕西通志 [M]. 钦定四库全书本. 一百卷.

卷二十八.

太平寺。在县治街北（《县志》）。

2. [清] 胡升猷. 光绪岐山县志 [M].（中国地方志集成·陕西府县志辑·第三十三册）. 据清光绪十年刻本影印. 八卷. 南京：凤凰出版社，2007: 1-144.

卷三.36 页.

太平寺。在城北门内。有浮图百尺，名太平塔。宋元祐时建，岁时朝贺于此。

3. [清] 平世增，郭履恒. 岐山县志 [M]. 道光刻本. 八卷：国家数字图书馆.（http://mylib.nlc.gov.cn/web/guest/search/shuzifangzhi/medaDataObjectDisplay?metaData.id=912216&metaData.lId=916697&IdLib=40283415347ed8bd0134833ed5d60004）.

卷三.10 页.

太平寺。在马神庙西。有浮图百尺，名太平塔。宋元祐时建，岁时朝贺于此。

4. [民国] 田惟均. 民国岐山县志 [M].（中国地方志集成·陕西府县志辑·第三十三册）. 据民国二十四年西安酉山书局铅印本影印. 十卷. 南京：凤凰出版社，2007: 145-567.

卷三.236 页.

太平寺。在城北门内。有浮图百尺，名太平塔。宋元祐时建，民国十九年，华北慈善联合会给款重修。

■ 研究资料

1. 丘富科. 中国文化遗产词典 [M]，北京：文物出版社，2009: 339.

全国重点文物保护单位，批号Ⅵ-776，宋塔古建筑。位于陕西省岐山县县城西街。北宋元祐三年(1088 年)建。为八角 8 层楼阁式古塔，高 30 米。从第一层起每层都隐出假窗及栏杆。各层檐均饰以五铺作出双杪斗栱。除二层外，各层下都有假平坐，平坐下所施斗栱较檐下斗栱每面增两朵。太平寺塔历代多有修缮，但原形未改变。

2. 中国文物学会专家委员会. 中国文物大辞典（下册）[M]. 北京：中央编译出版社，2008.1052.

宋代佛塔。位于陕西省岐山县城西端原太平寺旧址内。始建于宋元祐三年(1088)，历代修建。为八角形 9 层仿木楼阁结构，通高 28 米。塔身一至七各层塔檐均为五铺作出两跳斗栱。八层塔檐为单跳斗栱. 九层塔檐则用砖叠涩出檐。二层塔檐上的平坐栏杆用三层莲瓣作装饰，三、四、五层的平坐栏杆则无任何装饰。塔身的二至七层每面均用砖砌出隐柱，柱头有平枋，把每面分为三开间。该塔斗栱繁密，形象秀丽，保存较好。2006 年 5 月 25 日被国务院公布为第六批全国重点文物保护单位。

3. 曾维华. 中国古史与文物考论 [M]. 上海：华东师范大学出版社，2008: 348.

在今陕西岐山县城内。原属太平寺，今寺废塔存。塔八角 7 层，为砖砌仿木构楼阁式建筑，高 30 余米。自第二层起，每层均隐出假窗及栏杆。檐下都饰以五铺作出双杪的斗栱。第二层塔身下设有平坐，以上各层仅作假平坐。平坐下所施斗栱较檐下斗栱每面增加两朵。因整个塔身斗栱繁密，尤显秀丽、端庄。塔建于北宋元祐三年（1088年），以后历代屡有修葺，但仍保持宋代建筑风格。

4. 解长峰. 陕西名胜概览[M]. 西安：三秦出版社，2007：305.

在岐山县城西街。岐山塔为太平寺塔，建于北宋哲宗赵煦元祐三年（1088年），为八角9层楼阁式砖塔，高28米，每边长2.26米，塔身直径6.85米。自第二层起，每层都隐出假窗及栏杆，每层檐下有斗栱。除第二层塔身下设有平坐，以上各层只有假平坐，塔势端庄，斗栱繁密，结构精巧，甚为秀丽，为现存宋塔中的精品。

岐山塔为全国重点文物保护单位。

5. 赵克礼. 陕西古塔研究[M]. 北京：科学出版社，2007：185-186.

全国重点文物保护单位（2006年公布）。八边9层密檐楼阁式空心砖塔，寺已废。塔建于北宋元祐三年（1088年），通高28.2米，底层边长2.6米。基座呈八角形，高1.18米，底边长4.75米。塔身底层南向辟券门，二至五层逐级交错辟二券门；二至七层每面作仿木结构三间，隐出倚柱、阑额、平坐栏杆，间饰假方门、窗。层间叠涩出檐，饰双排椽头、瓦垄。檐下施"五铺作双杪偷心造"，当心间饰补间铺作一朵，二层平坐下增设三杪六铺作斗栱，加补间三杪偷心造斗栱一朵。三层平坐下饰砖雕莲瓣三层。塔顶平砖攒尖，塔刹无存。整体塔形富丽端庄。塔砖规格：36厘米×6厘米×17厘米。"塔内供跏趺坐菩萨像一尊，青石质，首佚，残高1.2米"。

20世纪80年代，政府曾对该塔进行过大规模维修。

6.2 测绘图

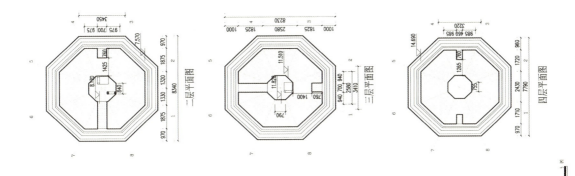

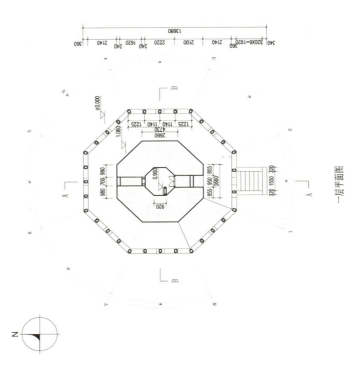

图 2.2.29 宝鸡岐山太平寺塔第一～四层平面图

112 | 宋(金)元时期

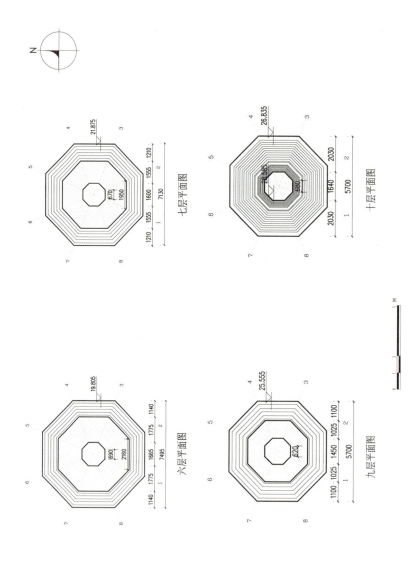

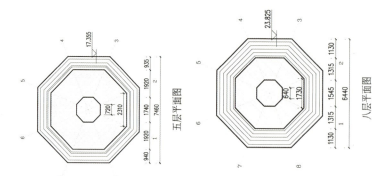

图 2.2.30 宝鸡岐山太平寺塔第五~十层平面图

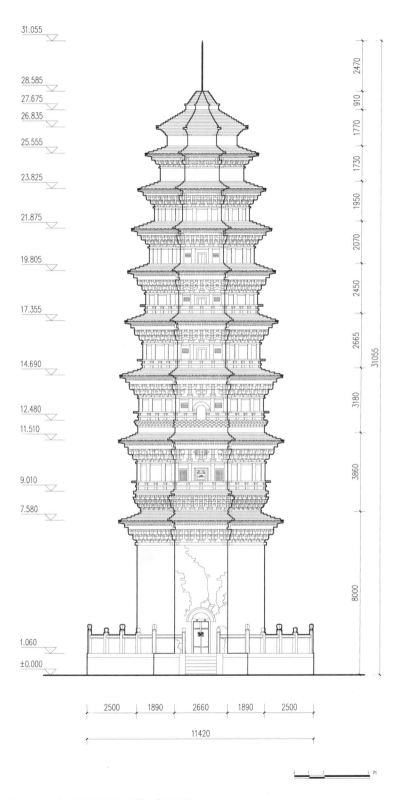

图 2.2.31 宝鸡岐山太平寺塔①~②立面图

114 | 宋（金）元时期

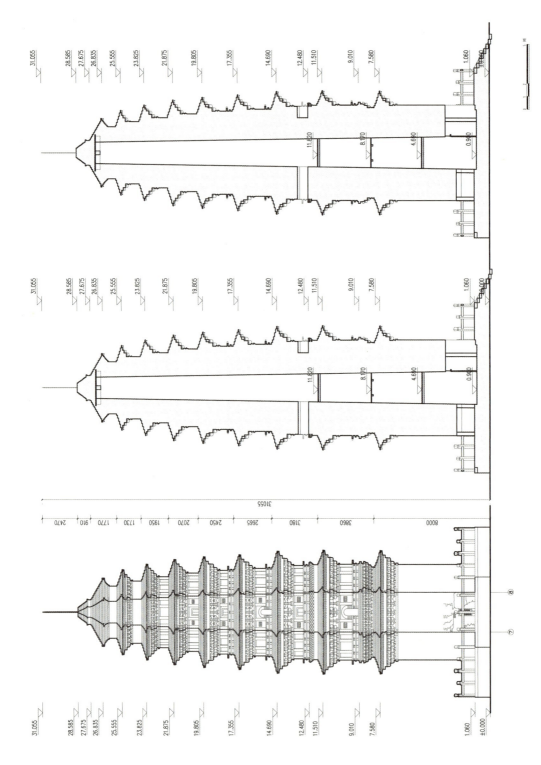

图 2.2.32 宝鸡岐山太平寺塔⑦~⑧立面图及剖面图

6.3 维修大事记

序号	时间	内容
1	民国十九年（1930年）	重修
2	2013年	对塔身、塔檐、塔顶进行了全面维修

6.4 图像资料

■ 历史图像

1. 李魁元. 华夏古塔集锦[M]. 西安：陕西旅游出版社，2001：96.（图2.2.33）
2. 原廷宏，冯希杰. 一五五六年华县特大地震[M]. 北京：地震出版社，2010：283.（图2.2.34）

■ 现状照片（图2.2.35）

图 2.2.33 《华夏古塔集锦》所载宝鸡岐山太平寺塔照片

图 2.2.34 《一五五六年华县特大地震》所载宝鸡岐山太平寺塔照片

图 2.2.35 宝鸡岐山太平寺塔

7. 咸阳永寿武陵寺塔

7.1 文献

■ **历史文献**

1. [清] 刘于义. 雍正敕修陕西通志 [M]. 钦定四库全书本. 一百卷.

卷十三.

武陵山（一名翠屏山）：在城外西南，昔在城内。上有武陵寺（《县图》）。山形如屏，亦名翠屏山（《西安府志》）。后魏平阳王熙建，有浮图（《县志》）。

卷二十九.

武陵寺。在县治西翠屏山（马《志》）。内有塔，后魏阳平王熙建。明碧峯禅师居此。寺中多名人题咏（《县志》）。

2. [清] 毕沅撰. 关中胜迹图志 [M]. 张沛. 点校. 西安：三秦出版社，2004.

卷二十六. 798 页.

武陵寺，在永寿县治西翠屏山。《县志》："有浮图。"后魏阳平王熙建。明碧峰禅师居此。

3. [清] 郑德枢. 光绪永寿县志 [M].（中国地方志集成·陕西府县志辑·第十一册）. 据清光绪十四年刻本影印. 十卷. 南京：凤凰出版社，2007：81-220.

卷二. 第 109 页.

武陵寺（俗名南寺）。在县西南武陵山，白茂才《考实》云，碧峰禅师至金陵，明太祖赐袈裟，存寺中，遭兵废。又云此寺最古，北魏元熙建。

■ **研究资料**

1. 丘富科编. 中国文化遗产词典 [M]. 北京：文物出版社，2009：339.

全国重点文物保护单位，批号Ⅵ-777，宋砖塔古建筑。位于陕西省永寿县驻地监军镇西北约 20 公里永平东南虎山武陵寺院内。南北朝北魏天兴年间（398～404 年）始建，但据其形制分析应是北宋时所建。1982 年修缮过程中在塔内发现"熙宁重宝"和刻有"大观元年五月"残砖（北宋熙宁年，1068～1077 年；北宋大观年，1107～1110 年）。武陵寺塔为仿木结构重檐楼阁式砖塔，八角 7 层，高 21.7 米。底层八边总长 21 米。底层高度较大，二层以上逐层减高。塔壁有券洞，其余塔壁均饰实踏大门，门间隐出小直棂窗，角柱八棱形，各层塔檐均饰斗栱，出双杪，五铺作，偷心造。

2. 中国文物学会专家委员会. 中国文物大辞典（下册）[M]. 北京：中央编译出版社，2008（第 1 版）：1052.

宋代砖塔。位于陕西省永寿县。传建于北魏天兴年间，现存为宋代建筑。八角形 7 层重檐楼阁式，高 22 米。层层有斗栱飞檐，角有风铃，楼门有圆有方，外有平坐栏杆，所雕图案各异。塔身内为两米见方天井，木质楼梯旋绕直达塔顶。隔层栱门相对。塔身倾斜，底部砖块严重脱落。2006 年 5 月 25 日国务院公布为第六批全国重点文物保护单位。

3. 咸阳市文化局. 咸阳文物古迹大观 [M]. 西安：三秦出版社，2007：220.

武陵寺塔位于永寿县永平乡翠屏山巅武陵寺遗址内。北距彬县大佛寺 56 公里，南距西安市 99 公里、乾陵 18 公里，西距漠谷河约 1 公里。塔北沟壑纵横，峰头林立，漫山遍野草木茂盛，槐林隐天蔽日。312 围道从塔西北 500 米处山脚下穿过。地理坐标：东经 108°2′18″，北纬 34°28′26″，海拔 1320 米。

该塔身高27.50米，直径6米，周长21米，4层八楼，砖质结构。重檐楼阁式，层层有斗拱飞檐，角有风铃，楼门有圆有方，外有平坐栏杆，所雕图案各异。塔身内为2米见方天井，木质楼梯旋绕直达塔顶。隔层拱门相对，出拱门凭栏可以俯瞰四面山色。

相传宋时此地为翠屏书院，莘莘学子，书声琅琅。明初，太祖朱元璋召见永寿高僧碧峰禅师，赐袈裟。高僧回永寿后在此讲经布道、弘扬佛法。

旧县志载，该塔为后魏平阳王熙所建。约在魏天兴年间(398~404)，距今1500多年。据清嘉庆元年(1796年)《永寿县志》记载，该塔由于关中地震曾于明泰昌元年(1620年)修葺一次。民国19年(1930年)陕西再次大地震，塔顶震毁，塔身向东北倾斜，经测量塔中心线与水平面夹角87°48′，中心线偏离重心线水平距离1.066米。1984年，省文物主管部门拨款维修，清理出塔门，建成四方塔院，并建仿古建筑三间，供看管人员使用。在拆除塔顶残砖时发现宋神宗"熙宁重宝"铜钱一枚，同时发现书有"大观元年五月重□"字砖一块，陕西省文物管理局认定为北宋塔。

1957年5月31日，武陵寺塔被陕西省人民委员会公布为第二批省级重点文物保护单位，同年竖立署名永寿县人民政府文物保护标志碑一块。

1992年4月20日，陕西省人民政府公布其保护范围，重点保护区(A区)：塔基东西各外延126米，南北各外延67米。一般保护范围(B区)：A区东西各外延74米，南北各外延180米。建设控制地带(C区)：南至虎头山石碑，北至永平汽车站，东至原西兰公路，西至裕丰村。

2006年6月25日，武陵寺塔被国务院公布为全国重点文物保护单位。

4. 赵克礼. 陕西古塔研究[M]. 北京：科学出版社，2007：205-206.

全国重点文物保护单位（2006年公布）。八边4层楼阁式空心砖塔，又名永寿塔、永坪古塔。武陵寺建于北魏，明清修葺，今已废。塔残高27.5米，底层每边长2.8米，直径6米。塔身底层西北向辟券门，一层塔壁厚2.4米，以上每层辟四券门，隔层位置交错，二层及以上每面作仿木结构三间，砌出角柱、阑额，每层增设平坐栏杆，各层当心间辟门或饰带乳钉的假板门，两侧饰直棂窗。层间叠涩出檐，檐头仿木结构出双排椽头与瓦垄，施转角和当心间补间铺作斗拱。层檐和平坐斗拱均为三杪六铺作，华丽壮观；栏杆砖雕有龙凤、流云和菱格等装饰图案，塔顶残毁。塔室方形，内设旋梯可登临。明嘉靖年间关中大地震，使塔身倾斜，现测定塔身轴心向东北偏离0.8米。该塔曾被认为建于唐代，亦有人称"北魏砖塔"，后依据其特征，定为宋代。1984年全面整修时，发现北宋"大观元年（1107年）五月重……"墨书题记和"熙宁重宝"钱等文物，证实该塔为宋塔。另据《永寿县志》记载，明泰昌元年（1620年）曾对武陵寺塔进行过维修。现塔下存有清道光十一年（1831年）重修武陵寺碑及石佛像、石建筑构件等。

武陵寺塔平坐栏杆高大突出，其高度几占每层的二分之一，且栏下面亦有斗拱出檐、椽头等装饰，故多有将此视作为一层塔身，误认该塔为七层者。考察资料告诉我们，每层有平坐栏杆和券门、券龛是陕西宋代古塔的基本特征，不能因为平坐栏杆高大就将其算作塔的一层塔身。

5. 解长峰. 陕西名胜概览[M]. 西安：三秦出版社，2007：241.

在永寿县永平乡武陵山上。武陵寺塔，据县志记载，有浮屠，后魏平阳王熙建。据说此塔为武陵寺的寺塔。据《关中胜迹图志》记载，明代有一位碧峰禅师曾居此寺，并主持该寺。此寺僧至金陵（今南京），明太祖曾赐袈裟，存此寺中。寺早毁圮，永寿拟修复此寺。

武陵寺塔建于北魏道武帝拓跋珪天兴（398~403年）年间，距今已有1500年的历史，塔为密檐式实心砖塔，高7层、22米，八角形，基部直径6.3米，二、四、六层各有拱门4个，门两侧均砌成栏杆状，结构严整，造型美观。明世宗朱厚熜嘉靖年间地震，塔有倾斜。1983年予以修葺，为我国古代精湛的建筑艺术品之一。

武陵寺塔为全国重点文物保护单位。

7.2 附属文物一览表

序号	名称	位置	相关说明	备注
1	重修武陵寺碑记	武陵寺院内	该碑刻于清道光十一年，碑阳记述重修武陵寺情况及所属地亩。碑下部残损。碑阴镌刻捐赠银两的商号和个人名单	基本完好
2	石刻佛像1		1984年重修武陵寺塔，清理塔院积土时发现，无头，为坐佛像，砂岩质地	残
3	石刻佛像2		1984年重修武陵寺塔，清理塔院积土时发现，无头，为坐佛像，砂岩质地	残
4	字砖		1984年重修武陵寺塔，修理塔顶时发现，墨笔书写"大观元年五月重□"等字样	字迹模糊不清
5	雕花刀		宋代工匠雕砖花之工具，铜质	完好
6	"熙宁重宝"铜钱		1984年重修武陵寺塔，拆除塔顶残砖时发现宋神宗"熙宁重宝"铜钱一枚	完好

7.3 图像资料

■ **历史图像**

1. 李魁元. 华夏古塔集锦[M]. 西安：陕西旅游出版社，2001：106.（图2.2.36）
2. 原廷宏、冯希杰. 一五五六年华县特大地震[M]. 北京：地震出版社，2010：284.（图2.2.37）

■ **现状照片**

图2.2.36 《华夏古塔集锦》所载咸阳永寿武陵寺塔照片

图2.2.37 《一五五六年华县特大地震》所载咸阳永寿武陵寺塔照片

图2.2.38 咸阳永寿武陵寺塔

8. 铜川耀州神德寺塔

8.1 文献

■ 历史文献

1. [明] 李廷宝. 嘉靖耀州志 [M]. (中国地方志集成·陕西府县志辑·第二十七册). 据清乾隆二十七年汪灏刻本影印. 十一卷. 南京: 凤凰出版社, 2007: 339-421.

卷二 . 356 页.

……有大像阁。在步寿原南岩下，元魏时龙华寺也。隋仁寿中建阁，覆弥勒像，高二十余仞，故名焉，唐改神德寺。宋时人游览最盛，有富郑公登阁诗石刻。宣和时兵火，阁废。金承安中再建阁，更寺额曰"明德"。今阁与像久废，寺改书院，独故塔存。

卷二 . 357 页.

……有神德寺。隋仁寿中，南阳高僧静琳敕送舍利来，遂住此。寺在东峰上，今废。琳时又有慧虔、慧义者，皆北地人，并称高僧，其行业见《高僧传》中。

■ 考古报告

1. 黄征、王雪梅. 陕西神德寺塔出土文献 Y0067《佛说随愿往生经》校录考订[J]. 西华师范大学学报 (哲学社会科学版), 2012 (03): 6-10.

摘要：神德寺塔出土文献是 2004 年在陕西铜川市耀州区发现的一批唐五代宋初的佛经文献，Y0067 首残尾全，内容为《佛说随愿往生经》，无年款题记。本文依照原卷逐字校录，并据避讳情况考订该卷为唐五代写经。

2. 黄征、王雪梅. 陕西神德寺塔出土文献编号简目[J]. 敦煌研究, 2012 (01): 46-51.

摘要：陕西神德寺塔出土文献是一批唐五代宋初时期的佛教经卷与绘画，经我们两人首次整理编号，共得 242 个入藏号，加上续编附属号，共计 306 个卷号。其中手写纸本经卷 241 个卷号，雕版印刷纸本经卷 54 个卷号，包含带有版画者 10 种；此外还有多种纸本彩绘、绢本彩绘。这批文献除尚未定名的经卷外，包括四十余种佛经，内容丰富，部分经卷尚存题记、发愿文等，其中有两个经卷标有明确纪年。

3. 黄征、王雪梅. 陕西神德寺塔藏经洞出土文献 Y0001《金光明经》卷第二为唐人写经考[J]. 中华文史丛刊, 2011 (02): 357-377, 407.

摘要：在整理原件的基础上考证了陕西省神德寺塔出土文献 Y0001 号写经卷子，证明这件以往被鉴定为"元明时期"、"金元时期"的作品其实是唐人写经；因其避唐太宗李世民讳而"民"字缺笔，故其书写的时间上限是唐太宗李世民登位的贞观元年(627 年)，下限是五代后周恭帝显德七年(960 年)；因其不避唐高宗李治讳而直书"治"字，故其准确书写时间可有几种不同的推测。

■ 研究资料

1. 丘富科. 中国文化遗产词典 [M]. 北京: 文物出版社 .2009: 339.

全国重点文物保护单位，批号Ⅵ—778，宋塔古建筑。位于陕西省铜川市耀州区。又名耀州塔。在耀州城北 0.5 公里的塔坡。西汉神爵二年（前 60 年）在此建步寿宫，南北朝西魏（535～556 年）在此建龙华寺，隋仁寿年间(601～604 年)建楼阁，复塑弥勒佛像"大像阁"。唐改神德寺。宋代在寺内建塔，故名神德寺塔。塔为六面 9 层，斗栱挑角，中空，是典型的宋代建筑。原为寺院舍利塔。塔身第二层以上遍布缠腰方孔遗迹。

2. 解长峰. 陕西名胜概览 [M]. 西安：三秦出版社，2007：273.

在铜川市耀州区城关镇，古步寿原今塔坡上。

耀州塔在汉代步寿宫遗址上所建。步寿宫建于汉宣帝刘询神爵二年（前 60 年）。南北朝北魏时建有龙华寺，隋文帝杨坚仁寿（601～604 年）间建大像阁，唐代改名神德寺，宋代建此塔，以在州治地，故名。此后，寺阁屡建屡毁，现仅存此塔子立。

耀州塔为六面 9 层砖塔，以青砖砌垒，斗栱挑角，小巧玲珑，状极美观，高 35 米，数十里外举目可见，站在原上，显得雄伟壮观，为耀城之代表目标。登临此塔，耀城市容一览无遗。

耀州塔为全国重点文物保护单位。

3. 赵克礼. 陕西古塔研究 [M]. 北京：科学出版社，2007：177-178.

全国重点文物保护单位（2006 年公布）。八边 9 层密檐楼阁式空心砖塔，又称耀塔。此地东汉建有步寿宫，北魏建有龙华寺，隋代增建大像阁（供弥勒佛），唐代更名为神德寺，宋时香火最盛，嗣后屡有建毁。现仅存古塔，残高 29 米，底层每边长 3.2 米。塔身底层特高，东面辟券门通向塔室，西面券门内为一浅佛龛，东门楣、框上分别线刻一佛二菩萨、持剑天王像等；二层以上每面作仿木结构三间，隐出倚柱、阑额、普拍方等；二至五层分别在南北、东西向辟券龛，位置各层相错，龛两侧饰卧棂窗，其余塔面为素面无装饰。层间双排椽头出檐，施"五铺作双杪偷心造"，补间铺作一朵。塔顶残毁。塔砖规格多样，主要有：35 厘米 ×17.5 厘米 ×61 厘米；35 厘米 ×35 厘米 ×6 厘米；40 厘米 ×40 厘米 ×6 厘米。

神德寺塔历史文化内涵丰富，除了宋代古塔本身外，还有金元经卷和明代"皇明科第题名"等。2004 年年底，在对神德寺古塔进行维修时，于第四层塔身南面的券窗中，发现了大量的古代文字经卷。"其中手写体纸本经卷十余卷，彩绘本画卷 2 种，绢本画卷 1 种"，陕西省文物鉴定委员会鉴定，"从绘画人物特征、书法风格及经卷装帧方式等方面看，应为金元时期的作品"。

《皇明科第题名》碑镶嵌于神德寺塔二层南面。碑中刻录了自明永乐十三年（1415 年）进士石庆，下至嘉靖十六年（1537 年）乡举成印等数十位获举人、进士人物名字及官职，其序言落款为：

嘉靖己亥（1539 年）六月朔奉训大夫知耀州事洛阳温秀题

从仕郎判官桃林范珀

将仕郎吏目金州张鸾

学正郑州孙祐之

训导邢台张文、铜梁邓山

《皇明科第题名》序言中记载：神德寺塔所在地"旧有寺，渔石唐公改而祠之，以祀范文正公，自是，文风日昌矣。"范仲淹曾短暂做过耀州知事。后来，人们为了纪念他，曾在这里建"范文正公祠"。

4. 崔乃夫. 中华人民共和国地名大词典（第 5 卷）[M]. 北京：商务印书馆，2002：7570.

又名耀县塔。在耀县城关镇北 0.5 公里塔坡。西汉神爵二年（公元前 60 年）在此建步寿宫。西魏在宫址建龙华寺，隋仁寿年间建楼阁，复塑弥勒佛像"大像阁"。唐改名神德寺。宋代在寺内建塔，故名。塔为六面 9 层，斗栱挑角。中空。是典型的宋代建筑。原为寺院舍利塔。塔身二层以上遍缠腰方孔遗迹。1956 年 8 月定为省级文物保护单位。

8.2 维修大事记

序号	时间	内容
1	1981 年	在塔基周围加铺散水
2	2004 年 8～10 月	加固维修塔体，安装避雷针

8.3 附属文物一览表

序号	名称	位置	相关说明
1	手写体纸本经卷		2004年底维修神德寺塔时，于塔身第四层南面券窗中发现大量文字经卷
2	彩绘本画卷		
3	绢本画卷		
4	《皇明科第题名》碑	嵌于神德寺塔二层南面	刻录了自明成祖永乐十三年（1415年）~世宗嘉靖十六年（1537年）数十位举人、进士人物名字及官职。序言中记载："神德寺塔所在地'旧有寺，渔石唐公改而祠之，以祀范文正公，自是，文风日昌矣。'"

8.4 图像资料

■ 历史图像

1. 原廷宏，冯希杰. 一五五六年华县特大地震[M]. 北京：地震出版社，2010：283.（图2.2.39）

■ 现状照片（图2.2.40）

图2.2.39 《一五五六年华县特大地震》所载铜川耀州神德寺塔照片

图2.2.40 铜川耀州神德寺塔

9. 咸阳武功报本寺塔

9.1 文献

■ 历史文献

1. [宋] 宋敏求. [元] 李好文. 长安志·长安志图 [M]. 辛德勇. 郎洁. 点校. 西安：三秦出版社，2013.
卷十四. 442 页.
报本寺。在县西北一里。本唐神尧宅，大中元年，建为报本寺。

2. [明] 李贤等. 大明一统志 [M]. 西安：三秦出版社，1990.
卷三十二. 563 页.
报本寺。在武功县治北。以上诸寺俱唐时建。

3. [明] 康海. 正德武功县志 [M].（中国地方志集成·陕西府县志辑·第三十六册）. [清] 孙景烈. 评注. 据清乾隆二十六年玛星阿刻本影印. 三卷首一卷. 南京：凤凰出版社，2007：1-46.
卷一. 16 页.
报本寺。高祖别宅也。在北门外。

4. [清] 沈华. 雍正武功县后志 [M].（中国地方志集成·陕西府县志辑·第三十六册）. 据清雍正十二年刻本影印. 四卷. 南京：凤凰出版社，2007：47-158.
卷一. 84 页.
报本寺。见前《志》，内有塔高数十仞，世传寺塔太宗为太穆皇后建，故名"报本"。碑碣无存，今失考。

5. [清] 刘于义. 雍正敕修陕西通志 [M]. 钦定四库全书本. 一百卷.
卷二十九.
唐太宗庙，在县城北（贾《志》）。宋元祐三年，直龙图阁游师雄建。崇宁元年赵茂曾《记略》云：按唐纪太宗文皇帝以隋开皇十二月戊午生于武功之别馆。有二龙戏门外，三日而去。是京兆武功之南有唐庆善宫，今为慈德寺，乃其所也。北曰报本寺，神尧之旧宅焉。先是《县图》虽载厥事，而祀秩无文。龙阁游公率里人即报本北隅，经始庙貌，左右壁间悉图贞观朝臣，英姿凛然，仿佛见当时之盛（《县志》）。前殿为鸿禧观，祀老氏，明嘉靖末重修。邑人张炼有记（《县册》）。

"报本寺。在县治北，唐时建（《明一统志》）。在县西北一里，本唐高祖旧宅，大中元年建为寺（冯《志》）。依山立刹，中有浮图，高二十寻，伟然一邑之望。万历年重修（张汲《碑记》）。"

6. [清] 毕沅. 关中胜迹图志 [M]. 张沛. 点校. 西安：三秦出版社，2004.
卷二十六. 799 页.
报本寺，在武功县西北一里。《通志》：本唐高祖旧宅，大中元年建为寺。依山立刹，中有浮图，高二十寻。伟然一邑之望。明万历中修。
卷二十六. 800 页.
唐太宗庙，在武功县城北。《通志》：北宋元祐三年，直龙图阁游师雄建。赵茂曾《碑记》：太宗文皇帝以隋开皇十二月戊午生于武功之别馆。有二龙戏门外，三日而去。京兆武功之南有唐庆善宫，今为慈德寺，乃其所也。北曰报本寺，神尧之旧宅焉。先是县图虽载厥事，而祀秩无文，龙图阁游公率里人即报本北隅，经始庙貌，左右壁间悉图贞观朝臣，英姿凛然，仿佛见当时之盛。《县志》：前殿为鸿禧观，祀老氏。明嘉靖末重修。

7. [清] 穆彰阿，潘锡恩等. 嘉庆重修一统志 [M]. 四部丛刊本. 五百六十卷. 卷二百四十八.

报本寺。在武功县西北一里。《长安志》：亦为神尧宅，大中二年改为寺。

■ **研究资料**

1. 咸阳市文化局. 咸阳文物古迹大观 [M]. 西安：三秦出版社，222-223.

位于武功县武功镇北关。寺始建于唐大中元年（847年），今已不存。塔建于北宋，后代修葺，明万历三十五年（1607年）加固塔身。《武功县志》载：报本寺，高祖别宅也，世传唐太宗为报其母—太穆皇后生养之恩，舍宅为寺，名曰报本寺，报本寺塔因建于该寺而得名。每至春季，总会有一群胡燕到来，嬉戏于塔顶周围，从而形成"胡燕朝塔"之景观，为武功八景之一。

该塔为八角7层楼阁式砖塔，高39.66米，底边长4.70米，壁厚3.60米，占地面积约50平方米。塔内外均为正八边形，正面朝东，第一层高度9.66米，向上各层逐渐缩小。塔身底层辟门，以上各层东、南、西、北四面辟券门或假券门，隔层真、假相间。二层以上壁面作仿木结构，隐出角柱、阑额、四铺作斗栱（补间铺作一朵）。层间叠涩出檐，施菱角牙子。塔内中空，原有木梯可登塔顶。顶层壁砖剥落严重，塔顶残毁。因塔体严重倾斜，裂缝增大，濒临倒塌。1987年5月，由省地质勘察设计院对报本寺塔地基倾斜进行勘测工作中，发现塔下地宫，经上级文物部门同意，咸阳市文物局组织进行了清理。在地宫内发现北宋彩绘石椁、银椁、金棺、舍利子、铜镜、钱币、白釉净水瓶、琉璃葫芦瓶及彩绘仰覆莲石座等。1994年经国家文物局正式批准，陕西省文物局委托省建筑科学研究设计院与省文物保护中心联合设计，并负责实施大落架维修。自1994年7月26日起至1998年5月28日封顶竣工。塔南约150米处有古槐2株，形冠古朴奇秀，号为"唐槐"。其中两侧一棵树身分叉，叉中镶嵌有清同治年间武功县令陈尔弟手书"唐槐石碣"一方，保存尚好。存明代报本寺塔志一方。

1957年5月31日，报本寺塔被陕西省人民委员会公布为第二批省级重点文物保护单位。1998年，建起了保护围墙，成立了文物保护管理所。1992年，陕西省人民政府公布保护范围，其重点保护区（A区）：塔。一般保护区（B区）：塔基四周各外延60米。建设控制地带（C区）：B区周围外延80米。

2. 解长峰. 陕西名胜概览 [M]. 西安：三秦出版社，2007：202-203.

在武功县武功镇。报本寺原为唐高祖李渊住宅，唐太宗李世民即在此诞生，他登基之后，为报答母恩和纪念自己出生之地，建寺塔以志，故名报本。

报本寺塔又称武功寺塔，俗称武功塔。建于唐代，为7层八角楼阁式砖塔。塔高39.6米，每面宽4.7米，直径11米。层层叠涩出檐、柱头、转角及补间均施以简单斗栱。各层设置真假相间的券门，券门富于多变，每层辟门3处，今存塔为宋代重建。

报本寺塔塔身雄伟挺拔，气势磅礴，塔体中空，有梯可达上层，今梯毁圮，在修葺时于1999年发现地宫，出土金棺银椁和豹斑玉香筒53件，金棺银椁为国家一级稀世珍宝。

报本寺塔为陕西省重点文物保护单位。

3. 赵克礼. 陕西古塔研究 [M]. 北京：科学出版社，2007：219-220.

陕西省重点文物保护单位（1981年公布）。八边7层楼阁式空心砖塔，又称武功塔。寺始建于唐大中元年（847年），今已不存。现塔建于北宋，后代多有修葺，明万历三十五年（1607年）瞥砖加固塔身，塔高39.66米，底边长4.7米，一层壁厚2.5米；塔身底层东面辟门（现已被封堵）；以上各层东、南、西、北四面辟券窗或券龛，隔层相间，券窗位置为单层东西向，双层南北向。二层以上塔面作仿木结构，隐出角柱、阑额、"一斗三升"式斗栱，补间铺作一朵。层间叠涩出檐，施菱角牙子。由于顶层壁砖剥落较甚，塔顶残毁，塔身严重倾斜，塔顶偏离塔心2.78米，1987年维修时在地宫内发现北宋汉白玉彩绘石椁、银椁、金棺、舍利子（41 枚，共重 26.7 克）、铜镜、钱币、白釉净水瓶、琉璃葫芦瓶及彩绘仰覆莲石座等。在发现的文物中，和该塔建造年代有关的文物有二：一是"盝顶银函"，其"正面右侧模压边錾刻宝元二年（1039 年）造"；二是"拆塔时发现有一块砖，烧砖工匠刻画的时间却是宋英宗治平三年（1066 年）"。以上资料确认该塔为宋代建筑。

20 世纪 90 年代对古塔进行了加固维修。

报本寺塔建筑年代的确定，具有极重要的类型学的价值。

4. 崔乃夫.中华人民共和国地名大词典（第 5 卷）[M].北京：商务印书馆，2002：7574.

在武功县普集镇西北 12 公里，旧县城内。俗称武功塔。为楼阁式八角 7 层宋塔。高约 40 米，每面宽 4.7 米。第一层稍高，向上各层面宽及高度逐级缩小。层层叠涩出檐。圆券门在各层间真假相隔，位置多变化。每层辟 3 门。塔中空，登顶木梯已毁。1987 年 8 月整修时在地宫发现金棺银椁、铜镜、白瓷净水瓶等宋代文物和宋宝元二年（1039 年）钱币多枚及五代唐昇元钱币等。1957 年 5 月定为省级文物保护单位。

9.2 维修大事记

序号	时间	内容
1	宋仁宗宝元二年（1094 年）	重修
2	明神宗万历十四年（1586 年）	维修
3	1994 年 7 月~1998 年 5 月	除修补部分砖外全部使用原砖重建；加铺散水

9.3 附属文物一览表

序号	名称	位置	相关说明	备注
1	金棺	地宫		出土文物现在已移至咸阳博物馆
2	银椁			
3	银函			
4	琉璃葫芦瓶			
5	铜镜		八面	
6	铜币		几千枚	
7	豹斑玉筒			
8	唐槐	塔南约 150 米处	两棵	

9.4 图像资料

■ **历史图像**

1. 李魁元. 华夏古塔集锦 [M]. 西安：陕西旅游出版社，2001：114.（图 2.2.41）
2. 原廷宏，冯希杰. 一五五六年华县特大地震 [M]. 北京：地震出版社，2010：282.（图 2.2.42）

■ **现状照片**（图 2.2.43）

图 2.2.41 《华夏古塔集锦》所载咸阳武功报本寺塔照片

图 2.2.42 《一五五六年华县特大地震》所载咸阳武功报本寺塔照片

图 2.2.43 咸阳武功报本寺塔

10. 延安富县柏山寺塔

10.1 文献

■ **历史文献**

1. [清]刘于义. 雍正敕修陕西通志 [M]. 钦定四库全书本. 一百卷.

卷二十八.

柏山寺。在县北八十里(《县册》)。

古柏寺。在县界。唐太宗建,旧名安乐寺,开元间改安定。洪武初以古柏名。

卷二十九.

柏山寺。在州西九十五里直罗镇。碑识:唐武德二年,秦王世民征房,憩兵芸罗寺,疽发背上,对佛祈愿,夜梦金人敷药大愈。洎登位,乃改芸罗为安乐,移西岩之上,建殿与塔,即今处也。开元十二年,车驾征北番至此,前锋告捷,因改为安定寺。宋景德元,年僧齐信重修,仍名安乐。后以其山多柏,因以柏山名。壁间唐太宗像相传千有余年,至今不坏(《州志》)。

2. [清]毕沅撰. 张沛点校. 关中胜迹图志 [M]. 西安:三秦出版社,2004.

卷二十九. 909 页.

安乐寺。在鄜州西九十五里直罗镇。《通志》:武德二年,秦王憩兵芸罗寺,洎即位,改芸罗为安乐,移西岳之上,建殿与塔,即今处也。开元十二年,车驾北征至此,前锋告捷,因改(为)安定寺。宋景德元年重修。今俗名柏山寺。

■ **研究资料**

1. 赵克礼. 陕西古塔研究 [M]. 北京:科学出版社,2007:289-291.

陕西省重点文物保护单位(1992年公布)。八边11层密檐楼阁式实心砖塔。又名直罗塔。唐代始建,宋代重修。通高43.3米,底周长29.6米。塔身底层正南辟拱券门,内筑边长2.3米的小方室,方室顶部叠涩收顶;二层以上塔体结构不清,由一层塔室收顶来看,该塔应为实心式。但是,从四层东西向券窗望去,两券窗东西向相通,塔内似为空心,待考。壁面作仿木结构三间,隐出倚柱、阑额,其中二至五层饰平坐栏杆;各层均在东、南、西、北四面设有券门或券龛,券龛两侧为卧棂窗,券龛内置石雕菩萨造像,1980年文管部门将仅余的第三层七尊罗汉和四尊天王、武士像等取下,罗汉完整者高38厘米,天王像高68~87厘米,其形神兼备,堪称宋代石刻艺术精品,现保存于陕西历史博物馆和富县博物馆。这些造像和刻于绍圣二年(1095年)的黄陵县双龙石窟风格完全一致,而创造双龙石窟的工匠正是鄜州工匠介端等人。这为柏山寺塔的断代提供了旁证;在该塔未辟券窗的塔面上,饰卧棂窗或嵌有碑碣,镌刻布施者姓名及功德。柏山寺塔收分柔和,秀丽庄严。檐下为三杪六铺作斗栱,补间斗栱为三杪偷心造,斗栱造型密集而华丽。檐头为仿木构双排椽头出檐。塔顶残损,塔刹无存。

《延安府志》(清弘治本):"柏山禅寺,在城西一百二十里"今《富县志》认为:柏山寺塔"建于唐代"。此说依据为《鄜州志》(清康熙本)卷六记载:"柏山寺,在州西九十五里直罗。按,柏山寺在州西九十五里,满山皆柏,而寺在柏间,因此名也。古塔耸出,殿阁亦若隐若现。碑识:唐太宗为秦王时,出征此山下,病疽,梦金人敷药,大愈,许以建寺。洎登大位,遣阍人某成功界。今壁间画太宗像,人传以为千余年画于壁,常不坏。其言于理亦未可信。大都山水秀朗,翠柏蔚然,有足观者。"画太宗像,千年不坏之说,……《鄜州志》(清道光本)更引碑文予以否定:"……按洪武、永乐碑不言遗像,嘉靖碑始云,恐后人为之。"

据《关中胜迹图志》记载:柏山寺,原名"芸罗寺",唐武德二年(619年)秦王李世民改其名为"安乐寺"并"建殿与塔"。开元十二年(724年),改为"安定寺",宋景德元年(1004年)重修。实地考察柏山寺塔建筑风格和塔身多处可见唐代手印砖的事实，结合其他材料，该塔"唐代始建，宋代重修"的说法是可靠的。

柏山寺塔具有陕西地区的宋塔的典型风格。

2. 解长峰. 陕西名胜概览 [M]. 西安：三秦出版社，2007：576-577.

在富县直罗镇柏山上。柏山寺塔地处柏山东麓，故称柏山寺塔。

柏山寺为古芸罗寺，据《关中胜迹图志》载，唐高祖李渊武德二年（619年），秦王李世民北征突厥，至直罗病疽，息兵芸罗寺，梦金人敷药而愈，遂许日后重修庙宇，再塑金身。唐太宗李世民贞观初年（627年），令太守遣使来此建塔修寺，改芸罗寺为安乐寺。唐玄宗李隆基开元十二年（724年），李隆基御驾北征，至安乐寺下前锋告捷，又改安乐寺为安定寺。明、清以来俗呼柏山寺。

柏山寺塔，随寺而建，为米黄色八角形砖塔，每边长3.7米，直径为9.1米，共11层，高43.3米，周长30米，塔内有边长2.3米见方的小室，至第二层为止。塔身每层皆有券洞门窗栏杆，并有斗拱，有的门作洞龛，内置罗汉、天王各种人物石雕像，也有胡僧高鼻深目特征。

柏山寺塔，唐代始建，宋、明重修，因而留下各时代特征，其中以宋、明特征最为明显。此塔以青砖磨沿对缝，以黄泥、白灰加糯米汁粘合成，甚为坚固，外形别致，秀丽挺拔。

3. 延安地区文物普查队. 延安地区古塔调查记 [J]. 文博. 1991（02）：3-15，74；图版壹至肆.

11-12页.

柏山寺塔，位于直罗镇柏山半山之际，也名直罗塔。为八角十一级砖塔，通高43.3米。塔正南辟有拱形塔门，内有塔室，为四方形，边长2.3米。至第二层底部以砖叠涩收分。塔身第二层至十一层均辟塔门，门两侧有直条棂格窗。有的塔门又作小拱形龛，内置佛教造像。如天王、罗汉等。富县文管办已从塔身取下9尊造象收藏，现塔龛内仍存少数造象。从造象风格看，为宋代艺术的珍品，弥足珍贵。塔身各层均以砖叠涩出檐，檐下饰砖雕斗拱、柱、枋等。弘治本《延安府志》卷五载："柏山禅寺，在（鄜州）城西一百二十里。"柏山寺塔即该寺标志塔。现寺院已无存。从塔的造型及塔上造象艺术风格看，该塔应为宋代建筑。

10.2 测绘图

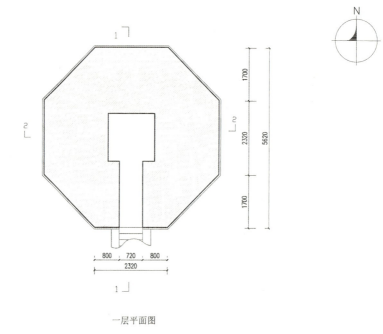

一层平面图

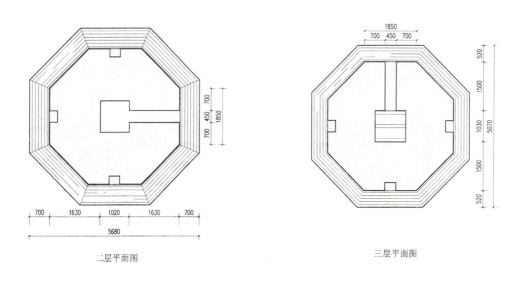

二层平面图

三层平面图

图 2.2.44 延安富县柏山寺塔第一~三层平面图

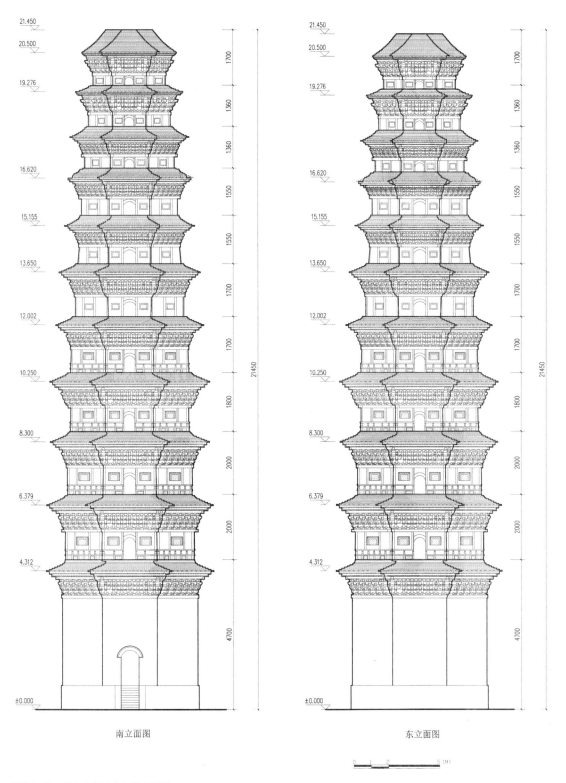

图 2.2.45 延安富县柏山寺塔立面图

130 | 宋（金）元时期

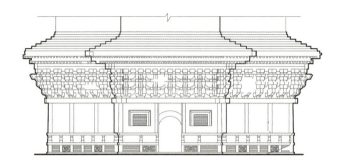

三层南立面大样图

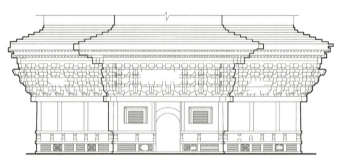

二层南立面大样图

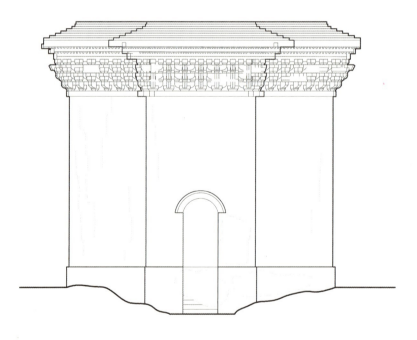

图 2.2.46 延安富县柏山寺塔大样图——第一、二、三层南立面图

第二部分 宋（金）元古塔（960～1368年） | 131

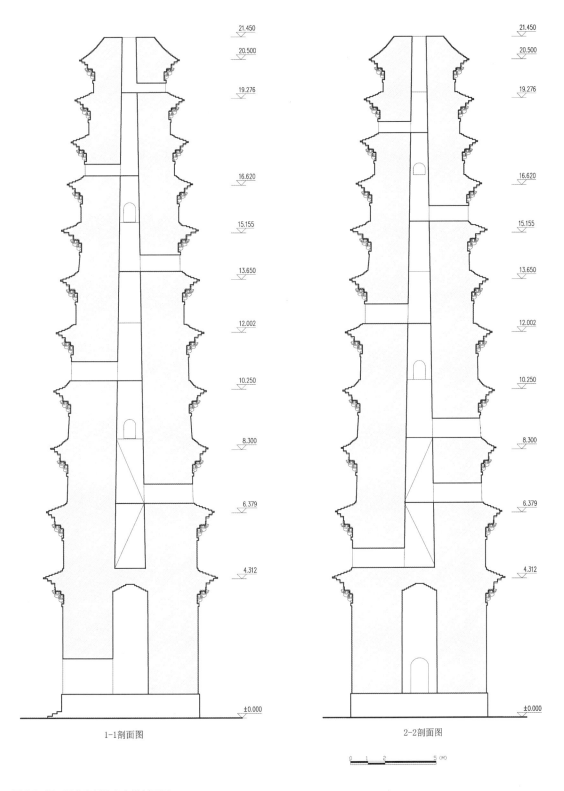

图 2.2.47 延安富县柏山寺塔剖面图

10.3 附属文物一览表

序号	名称	相关说明
1	伏虎罗汉石雕造像	高38厘米。光头，面颐稍长，高鼻，身披双领袈裟。结跏趺坐于方形台座上。座旁左侧蹲虎，昂首视罗汉，作驯顺状
2	降龙罗汉石雕造像	高38厘米。光头，额间有毫光，深目高鼻，双目紧锁，双目下视，身着圆领袈裟。右腿屈膝，右腕搭于膝部，握拳。左手倚座。座为不规则形，座前右侧刻一蛟龙，三爪。蛟龙昂首于波涛间
3	罗汉石雕造像1	高38厘米。头蒙长巾。着圆领袈裟，内着僧祇支，腰系带，结跏趺坐于方形台座上。双手合抱，平放腿上。深目高鼻，神态自若安详
4	罗汉石雕造像2	高38厘米。头蒙长巾，深目高鼻，双目凝视右前方。身微右侧。着通肩袈裟。双手合抱，平放腿上。结跏趺坐于方形台座上。神态庄重，若有所思
5	罗汉石雕造像3	头残，残高31.5厘米，右手上举至胸前，执念珠，左手至腹部，捧念珠，结跏趺坐于方形台座上
6	罗汉石雕造像4	头残，残高31.5厘米。方形台座，半跏趺坐，右腿着地于座前。双手搭放，置于腹部
7	罗汉石雕造像5	头残，残高31.5厘米。方形台座，半跏趺坐，右腿着地于座前。双手搭放，置于腹部
8	天王石雕造像1	通高66厘米。头戴盔，身着甲，脚着靴，肩有披帛。双手倚刀，立于金刚座上。目光左前视，头微左侧，威武勇猛
9	天王石雕造像2	通高87厘米，头已残断。双手合于腹前，执兵器，兵器已残佚。身着甲，着靴，肩搭披帛立于方形台座上

10.4 图像资料

■ 历史图像

1. 李魁元. 华夏古塔集锦 [M]. 西安: 陕西旅游出版社, 2001: 116.（图2.2.48）

■ 现状照片（图2.2.49）

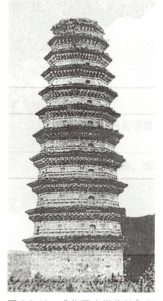

图2.2.48 《华夏古塔集锦》所载延安富县柏山寺塔照片

图2.2.49 延安富县柏山寺塔

11. 渭南蒲城崇寿寺塔

11.1 文献

■ **历史文献**

1. [明] 李贤等. 明一统志 [M]. 西安：三秦出版社. 1990.
卷三十二. 563 页.
崇寿寺。在蒲城县治东，宋建。

2. [清] 刘于义. 雍正敕修陕西通志 [M]. 钦定四库全书本. 一百卷.
卷二十九.
崇寿寺，在县治东《明一统志》。宋大中祥符九年建（冯《志》）。一作唐贞观二年建。天圣七年重修，寺西有塔（《县志》）。

3. [清] 邓永芳. 康熙蒲城县志 [M].（中国地方志集成·陕西府县志辑·第二十六册）. 清康熙五年刻. 据钞本影印. 四卷. 南京：凤凰出版社, 2007.1-111.
卷一. 16 页.
双塔夜影。城内两浮屠，建自唐。昼视之，南北各千尺，突兀堪观。至夕隐隐茫茫，而矗矗为撑天两柱。

4. [清] 张心镜. 乾隆蒲城县志.（中国地方志集成·陕西府县志辑·第二十六册. 据清乾隆四十七年刻本影印. 十五卷. 南京：凤凰出版社，2007：113-269.
卷二. 126 页.
崇寿寺。在县治东，宋天圣七年修。
卷二. 128 页.
双塔夜影。旧《志》：城内两浮屠，建自唐代。昼视之，南北各千尺。至夕光返照，夜气沉山，隐隐茫茫，尤觉倒影凌空。古所谓九成、一柱之胜，仿佛遇之。

5. [清]. 李体仁. 光绪蒲城县新志 [M].（中国地方志集成·陕西府县志辑·第二十六册）. 据清光绪三十一年刻本影印. 十三卷. 南京：凤凰出版社，2007：271-423.
卷五. 316 页.
准提庵、龙祥观、崇寿寺、慧彻寺。俱在城内。

■ **研究资料**

1. 赵克礼. 陕西古塔研究 [M]. 北京：科学出版社，2007：239-240.
陕西省重点文物保护单位（1957 年公布）。方形 13 层密檐楼阁式空心砖塔。又名崇寿寺塔，俗称北寺宋塔、蒲城北塔。寺建于宋天圣七年（1029 年），塔始建于北宋绍圣三年（1096 年），明嘉靖年间地震，"塔身受损，塔顶失落"。清乾隆三十五年（1770 年）县知事叶藩筹资补茸塔基。1985 年陕西省人民政府拨款 15 万元大修"，塔内新修了木梯，塔顶在保持原貌的前提下进行了加固处理。现塔实测高 44.4 米，底边长 8.13～8.9 米。塔身单壁中空，底层南面辟劵门。二层以上每面均作仿木结构三间，以砖隐出倚柱、阑额、"一斗三升"式斗栱（7 层以上只设坐斗），其中二至四层施补间铺作。二层以上每层当心间对辟劵门或假劵门，真假相间，逐层上下位置交错，次间砌作卧棂窗（九层以上无窗）。层间平砖叠涩出檐，加饰菱角牙子，檐头装饰椽头、瓦垄。第二层北面嵌"诸佛舍利宝塔"碣铭一方，第四层南面嵌石佛像一尊。塔体造型简洁、挺拔，与蒲城慧彻寺塔遥相对峙。

塔一层北面有小庙，内有记述建塔经过石碑一通。据石碑记载，崇寿寺原来无塔，寺僧景深发愿建塔，北乡延兴村富商王信，一人捐银五万两建成此塔。塔建于宋哲宗绍圣三年（1096年）。该塔多有模仿蒲城慧彻寺塔之处，同时又具有宋塔特征，如斗栱，该塔没有采用宋代流行的双杪五铺作形式，而是模仿了蒲城慧彻寺塔的"一斗三升"式。层间叠涩出檐后，又加饰了宋塔特征的橼头等。这些特征对唐、宋塔的断代研究有重要价值。

2. 国家文物局. 中国文物地图集. 陕西分册（下册）[M]. 西安：西安地图出版社，1998（第1版）：530.

99—C。北寺塔（崇寿寺塔）[城关镇西大街东段北侧·北宋·省文物保护单位] 方形13级密檐式砖塔，又名崇寿寺塔，俗称北寺宋塔、蒲城北塔。寺已废。塔始建于北宋绍圣三年(1096)，明嘉靖年间地震，损伤塔顶。现塔实测高44.4米，底边长8.13～8.9米。塔身单壁中空，底层特高，南面辟券门。二层以上每面均作仿木结构三间，以砖隐出倚柱、阑额、斗栱（七层以上无斗栱），其中二至四层施补间铺作。二层以上每层当心间对开券门或假券门，真假相间，逐层上下位置交错；次间砌作卧棂窗（九层以上无窗）。层间叠涩出檐. 下砌菱角牙子。第二层北面嵌"诸佛舍利宝塔"碣铭1方，第四层南面嵌石佛像1尊。塔体造型简洁、挺拔，与南寺唐塔遥相对峙。1986年维修。

3. 赵立瀛. 陕西古建筑[M]. 西安：陕西人民出版社，1992：180.

崇寿寺塔坐落在蒲城县城内北街，俗称"蒲城北塔"，建于北宋哲宗绍圣三年（1096年）。

塔体砖造，方形，13层，高约38米，为密檐楼阁式。塔身结构为单壁中空。底层特高，南面辟券门；二层以上，四面辟券门，真假相间；券门两边砌作卧棂窗（九层以上无窗）；第四层南面中嵌佛像一尊。塔壁面隐出倚柱、阑额、大斗（七层以上无斗）；出檐用叠涩砖，下作菱角牙子。

塔体造型简洁、挺拔。

11.2 测绘图

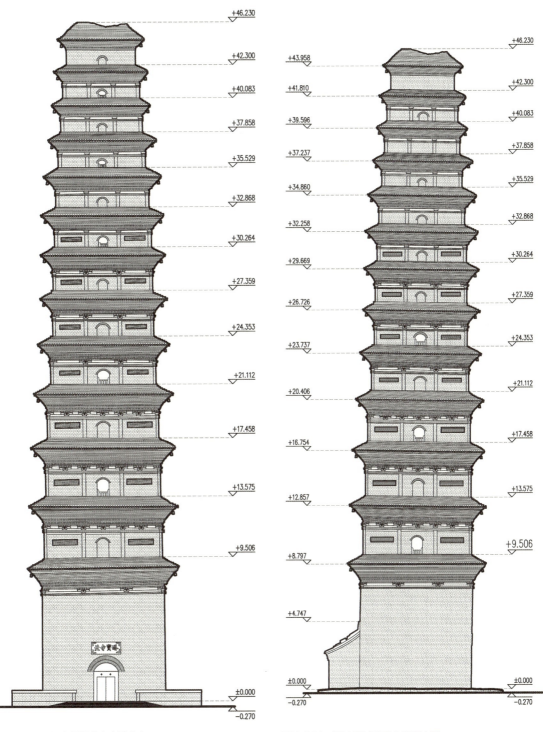

图 2.2.50　渭南蒲城崇寿寺塔南立面　　　　　图 2.2.51　渭南蒲城崇寿寺塔西立面

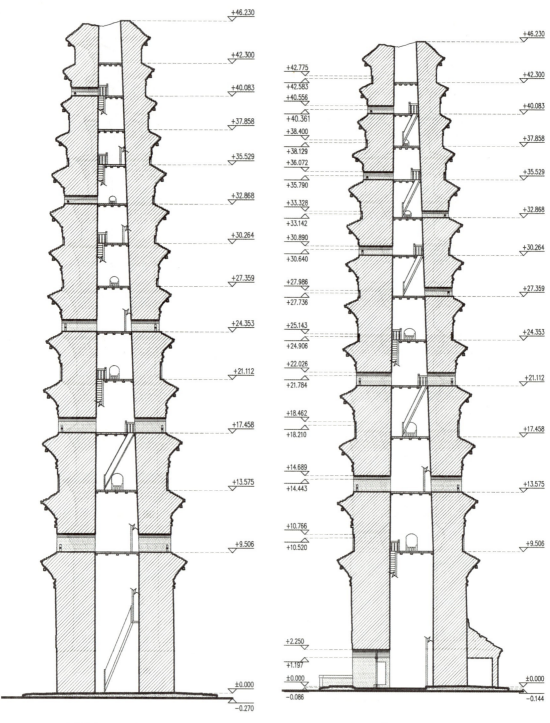

图 2.2.52 渭南蒲城崇寿寺塔剖面（南看北） 图 2.2.53 渭南蒲城崇寿寺塔剖面（东看西）

11.3 维修大事记

序号	时间	内容
1	清乾隆三十五年（1770 年）	修补塔基
2	1953 年	加固、维修塔顶、塔基
3	1981 年	解决北寺塔周围排水问题和历史文物陈列屋面破漏修补
4	1985 年 7 月～1986 年 10 月	对塔进行全面维修，塔内装以木制楼梯，塔顶加设铁护栏

11.4 附属文物一览表

序号	名称	位置	相关说明
1	宋代石佛	塔下，坐南向北	身高 1.36 米，肩宽 0.69 米，须弥座高 0.75 米，通高 2.11 米，头戴支纹帽，身穿大襟、袒胸、横批飘带，赤脚盘腿而坐，右手作讲话姿势，左手放在左膝盖上，右手从腕部已掉，基座分三部分，上部呈六棱形，向下形成三层叠涩，中部为六棱台柱，每面阴刻"十"字形图案，下部亦作六棱形，向上呈四层叠涩
2	《蒲城县崇寿禅院修十二劫塔记》碑	塔下，坐西向东	长 75 厘米，宽 50 厘米，字迹为真楷，共 25 行，行 24 字，字径 1.5 厘米，阴刻，此碑为明崇祯十五年，重刻碑石，主要记载王信捐资修建崇寿寺塔之事
3	王信墓碑	塔下，坐东向西	通高 1.2 米，厚 0.11 米，宽 0.54 米，圆首、方座、饰忍冬纹，碑中字真楷，字径 0.05 米，阴刻"大宋员外郎充若修蒲城县崇寿寺塔王公之墓"碑，两侧小字多不能辨，字径 0.15 米，真楷，左为王信生平事略记述，重点记载了建塔起因，表彰其不朽之功，右边为立碑时间及立碑人姓名，右侧刻有"道光十八年岁次戊戌十一月榖旦"字样

11.5 图像资料

■ **历史图像**

1.［清］张心镜.乾隆蒲城县志［M］.（中国地方志集成·陕西府县志辑·第二十六册）.据清乾隆四十七年刻本影印.十五卷.南京：凤凰出版社，2007.

卷二.120 页.（图 2.2.54）

2.［清］.李体仁.光绪蒲城县新志［M］.（中国地方志集成·陕西府县志辑·第二十六册）.据清光绪三十一年刻本影印.十三卷.南京：凤凰出版社，2007.

卷一.294 页.（图 2.2.55）

3.赵立瀛.陕西古建筑［M］.西安：陕西人民出版社，1992：180.（图 2.2.56）

4.李魁元.华夏古塔集锦［M］.西安：陕西旅游出版社，2001：108.（图 2.2.57）

5. 原廷宏，冯希杰. 一五五六年华县特大地震 [M]. 北京：地震出版社，2010：277.（图 2.2.58）

■ **现状照片**（图 2.2.59）

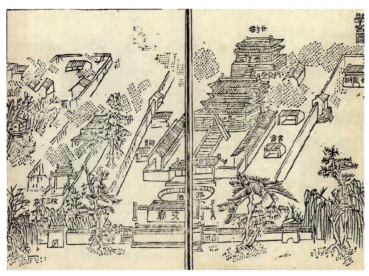

图 2.2.54　清《乾隆蒲城县志》——蒲城崇寿寺塔

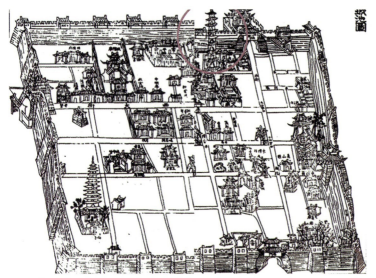

图 2.2.55　清《光绪蒲城县新志》——蒲城崇寿寺塔

图 2.2.56　《陕西古建筑》所载渭南蒲城崇寿寺塔照片

第二部分 宋（金）元古塔（960～1368年) | 139

图 2.2.57 《华夏古塔集锦》所载渭南蒲城崇寿寺塔照片

图 2.2.58 《一五五六年华县特大地震》所载渭南蒲城崇寿寺塔照片

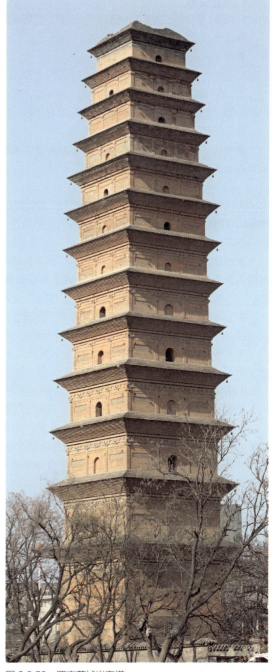

图 2.2.59 渭南蒲城崇寿塔

12. 铜川重兴寺塔

12.1 文献

■ **历史文献**

1.[明]李贤等.大明一统志[M].西安：三秦出版社.1990.
卷三十二.563页.
重兴寺。在同官县治北。

2.[清]袁文观.乾隆同官县志[M].(中国地方志集成·陕西府县志辑·第二十七册).清乾隆三十年刻.据钞本影印.十卷.南京：凤凰出版社，2007：509-633.
卷二.537页.
重兴寺。在县城北，康熙二十二年知县雷之采重修。中有石坊，今圮。有二石柱，上刻《金刚经》。又有塔七层，始建未详。

3.[民国]余正东.民国同官县志[M].(中国地方志集成·陕西府县志辑·第二十八册).据民国三十三年铅印本影印.三十卷.南京：凤凰出版社，2007.
卷二十三.394页.
重兴寺。在县城北虎头山下。清康熙二十二年，知县雷之采重修。中有石坊，乾隆间圮。有二石柱，上刻《金刚经》，系唐永淳间物，今存其一，移藏县府。又有塔七层，始建未详。今尚存。详"古物志"。

4.[清]刘于义.雍正敕修陕西通志[M].钦定四库全书本.一百卷.
卷二十九.
重兴寺。在县治北(《明一统志》)。康熙二十二年重修(《县册》)。

■ **研究资料**

1.赵克礼.陕西古塔研究[M].北京：科学出版社，2007：173-175.
陕西省重点文物保护单位（1956年公布）。六边7层密檐楼阁式实心砖塔。通高15米，底边长2.3米。塔身底层南面辟券门，方形塔室，内置石雕跏趺坐佛一尊（已残）；二层以上实心，每面作仿木结构三间，隐出倚柱、阑额、普拍方等；二至四层增设平坐栏杆，饰板门、棂格窗。层间双排椽头出檐，一至四层施双杪五铺作斗栱，六到七层饰单杪四铺作斗栱。顶置铁质塔刹，全套刹件由仰莲座、覆钵、相轮等构成，相轮之上刹尖已残失，该塔具有明显的宋塔特征。

重兴寺塔由于位于文化馆内，在近几年的盗掘文物狂潮中，幸免于难。但是目前塔身二层以上向东北方向严重倾斜，解放后虽然对该塔进行过加固维修，倾斜问题并未从根本上解决。

重兴寺，始建年代不详，"康熙二十二年（1683年）重修"。

2.解长峰.陕西名胜概览[M].西安：三秦出版社，2007：273-274.
在铜川市旧城西北印台山麓。重兴寺塔因建在重兴寺之废墟上，故名。

重兴寺建于隋文帝杨坚开皇十二年(592年)，传云唐武宗李炎会昌毁佛时寺庙被毁。武宗不信佛教，认为佛寺"劳人力于土木之功，夺人利于金宝之饰，"怒吼"穷吾天下者，佛也"，于是在会昌五年(845年)秋七月诏毁天下佛寺4600余座，招提（寺有常住之寺）、兰若（释氏静室)40000余区，归俗僧尼260500人，奴婢150000人，收庙寺田产数千万顷。可巧，头年七月毁佛，第二年三月就驾崩，人传佛有报应（实为吃丹药中毒而亡），把"接班人"唐宣宗李忱吓怕，大中元年(847年)闰二月即敕复所毁之佛寺。

北宋时，在重兴寺废墟建此塔，塔依山而建，位置高亢，平面为六角形，每边3米许，7层，高15米许，仿木构密檐式砖塔，塔有塔顶，顶有塔刹，刹由仰覆莲座、覆钵、宝珠组成。

明世宗朱厚熜嘉靖三十四年(1555年)十二月关中大地震，此塔经受了考验，但微向东南倾斜。年深日久，砖块脱落，顶刹垂倒，显得老态龙钟。

1982年进行维修，在底层佛龛起淤泥时，发现7具石佛头和一个佛像石座，佛头大者高45厘米，小者只有拳头大，颈部断荐参差不齐，仿佛毁佛砸断，石座正面刻"开皇十二年"等字样。人传佛为唐毁，首为宋供塔中。

重兴塔为陕西省重点文物保护单位。

3. 崔乃夫. 中华人民共和国地名大词典（第5卷）[M]. 北京：商务印书馆，2002（第1版）：7570.

在铜川市城区印台山麓。又名铜川塔。宋代修建为六边形7层，外形仿木结构，多层密檐式砖塔，高约15米。层高自下而上逐层递减。顶有铁刹，由仰覆莲座、覆钵、相轮、宝珠等组成。完整的金属塔刹为省境内仅有。1956年8月定为省级文物保护单位。

12.2 维修大事记

序号	时间	内容
1	清康熙二十五年（1687年）	修复
2	1978年11月	修复
3	1982年11月	对塔身及断崖进行维修和护坡加固

12.3 附属文物一览表

序号	名称	相关说明	备注
1	《唐永淳石碑》		现存西安碑林博物馆
2	《陀罗尼经幢》	高1.7米	现存于铜川市玉华宫博物馆
3	石刻佛头像		共出土四个
4	无头佛像	座上刻"开皇十□年已卯"字样	
5	金刚经幢	高1.7米，围1米，八棱体，中有一长方孔，上刻金刚经，楷书，文字遒劲，大多字迹清晰	

12.4 图像资料

■ **历史图像**

1. 李魁元. 华夏古塔集锦 [M]. 西安：陕西旅游出版社，2001：111.（图 2.2.60）
2. 原廷宏、冯希杰. 一五五六年华县特大地震 [M]. 北京：地震出版社，2010：284.（图 2.2.61）

■ **现状照片**（图 2.2.62）

图 2.2.60 《华夏古塔集锦》所载铜川重兴寺塔照片

图 2.2.61 《一五五六年华县特大地震》所载铜川重兴寺塔照片

图 2.2.62 铜川重兴寺塔现状照片

13. 渭南合阳大象寺塔

13.1 文献

■ 历史图像

1. [民国] 陈禄等. 郃阳县新志材料[M].（陕西省图书馆藏稀见方志丛刊·第九册）. 不分卷. 北京：北京图书馆出版社，2006：505-636.

549页.

大象寺。见"古迹"栏，旁有华云台，高耸宏敞，建筑壮丽，自飞云寺圮后，此寺当为郃邑冠。

2. [民国] 郃阳县乡土志[M].（陕西省图书馆藏稀见方志丛刊·第十册）. 卷. 北京：北京图书馆出版社，2006：1-134.

卷一.94页.

大象寺，在杨家凹北原，距城十里，创建年月无考。

■ 研究资料

赵克礼. 陕西古塔研究[M]. 北京：科学出版社，2007：253.

合阳县重点文物保护单位。方形13层密檐式实心砖塔。寺废毁于20世纪三四十年代。塔建于宋代。残高28米，底边长4.75米。一层正西有塔门，门宽0.8米，高1.5米，内有小塔室，室内塑像已遗失，仅存部分壁画。塔砖规格：37厘米×18厘米×6厘米。残缺处可见中心留有手掌印的条砖，黄胶泥勾缝。塔身层间叠涩出檐，饰菱角牙子；檐头为仿木构双排橡头与瓦垄。底层檐下施砖雕单跳四铺作斗栱。塔顶已毁。有资料记载该塔"存明隆庆六年（1572年）大象寺花云居碑1通，碑文记载山西道监察御史进香事宜"，今已无存。

大象寺塔北侧5米处，为一深达数米的路沟，随着水土的不断流失，这种路沟会不断加深，这已严重威胁到古塔的生存。现在，古塔已向东北方向严重倾斜，重心点已经超出塔基，危在旦夕！

13.2 图像资料

■ 历史图像

1. [清] 叶子循. 重修合阳县志[M]. 顺治十年刻本. 七卷. 国家数字图书馆.（http://mylib.nlc.gov.cn/web/guest/search/shuzifangzhi/medaDataObjectDisplay?metaData.id=939486&metaData.lId=943967&ldLib=40283415347ed8bd0134833ed5d60004）.

卷一.19页.（图2.2.63）

2. [清] 席奉干. 合阳县全志[M]. 乾隆三十四年刻本. 四卷. 国家数字图书馆.（http://mylib.nlc.gov.cn/web/guest/search/shuzifangzhi/medaDataObjectDisplay?metaData.id=973657&metaData.lId=978138&ldLib=40283415347ed8bd0134833ed5d60004）.

卷一.20页.（图2.2.64）

3. [民国] 叶子循. 重修合阳县志[M]. 民国抄本. 七卷. 国家数字图书馆.（http://mylib.nlc.gov.cn/web/guest/search/shuzifangzhi/medaDataObjectDisplay?metaData.id=973654&metaData.lId=978135&ldLib=40283415347ed8bd0134833ed5d60004）.

卷一.2页.（图2.2.65）

4. 原廷宏，冯希杰. 一五五六年华县特大地震[M]. 北京：地震出版社，2010：279.（图2.2.66）

■ 现状照片（图2.2.67）

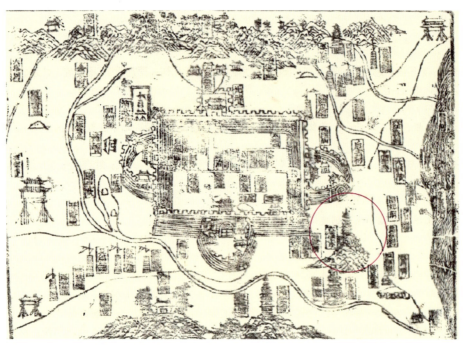

图 2.2.63　清顺治《重修合阳县志》——合阳大象寺塔

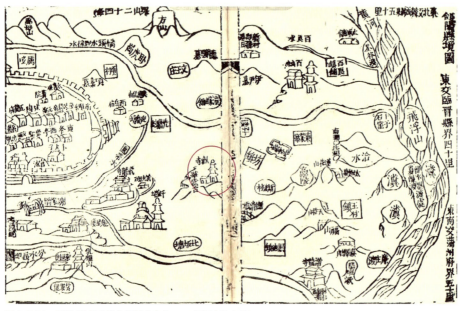

图 2.2.64　清乾隆《重修合阳县全志》——合阳大象寺塔

图 2.2.65 民国《重修合阳县志》——合阳大象寺塔

图 2.2.66 《一五五六年华县特大地震》所载渭南合阳大象寺塔照片　　图 2.2.67 渭南合阳大象寺塔

14. 延安富县福严院塔

14.1 文献

■ 历史文献

1. [清] 吴鸣捷. 鄜州志 [M].(中国地方志集成·陕西府县志辑·第四十七册) 据清道光十三年刻本影印. 五卷. 南京：凤凰出版社，2007：231-353.

卷二. 275 页.

福严院。在州西五十里柳池，有塔。

2. [清] 刘于义. 雍正敕修陕西通志 [M]. 钦定四库全书本. 一百卷.

卷二十九.

福严院。在州西原，距城五十里，有塔。康熙三十二年修（《州册》）。

■ 研究资料

1. 赵克礼. 陕西古塔研究 [M]. 北京：科学出版社，2007：291-292 页.

陕西省重点文物保护单位（1992 年公布）。八边 13 层密檐楼阁式空心砖塔，通高 30.2 米，底边长 2.6 米；塔身底层南面辟券门；二层以上壁面作仿木结构三间，以砖隐出倚柱、额枋，二至八层东、西、南、北面辟有券门或券龛，两侧饰菱形花格窗，所有假窗门均做工精细，为陕西宋塔之冠；1982 年对该塔维修时，发现该塔用砖的规格竟达 40 余种，其精细程度可见一斑。塔檐一至六层饰"五铺作双杪偷心造"，补间斗栱一朵，其上为平砖与菱角牙子相间共七层叠涩出檐，塔檐为仿木结构出双排椽头瓦垄，檐角伸出兽头，以悬风铃；七至十层出单杪四铺作斗栱，十层以上因塔身短小无斗栱；塔身至六层渐向外张，七至十层收分柔和，十层以上收分骤急，远望之，形如纺锤，柔和俏丽；塔顶平砖攒尖，塔刹无存。塔内原有木楼板、木梯，已毁。

福严院塔没有确切的建筑年代记载。《鄜州志》（清康熙本）卷六记载："福严院，在柳池，州西五十里，有塔。"实地考察，该塔具有陕西宋代古塔的典型特征，应属宋塔无疑。

2. 解长峰. 陕西名胜概览 [M]. 西安：三秦出版社，2007：577.

在富县北道德乡东村。福严院塔建于宋金时期，为密檐式宝塔，线条柔和，姿态生动。

3. 陕西省文物局. 陕西文物古迹大观：陕西省省级文物保护单位巡礼 [M]. 西安：三秦出版社，2006：498.

福严院塔，俗称东村塔。宋代建筑。位于富县北道德乡东村南。为八角 13 级楼阁式砖塔，通高 30.2 米。塔体中空，原有木楼板和木扶梯，现无存。塔正南底层辟有圆拱塔门。塔身从第二层至第七层收分较小，各层正南也辟塔门。第八层以上收分较大。塔身各层并饰有砖雕假窗。各层塔檐以砖雕斗栱、枋作为装饰。塔顶以砖叠涩收分。塔体用青砖磨沿对缝，以白灰加糯米汁砌筑而成。此原为福严院标志塔，现寺院已毁，仅存塔。

1982 年，富县文物部门曾对塔底层局部损坏处予以加固维修，并在塔之四周砌筑了保护围墙。1992 年 4 月 20 日被陕西省人民政府公布为第三批省级重点文物保护单位，同时公布保护范围。其重点保护区为：塔基中心向南北两面各外延 30 米，东西两面各外延 40 米。一般保护区与重点保护区相同。建设控制地带为：一般保护区外延 60 米。

4. 延安地区文物普查队. 延安地区古塔调查记 [J]. 文博，1991(02)：3-15，74 页；图版壹至肆. 11 页.

福严院塔，位于北道德乡东村，也名东村塔。为八角 13 级砖塔。塔体中空，原有木楼板和木扶梯，现已无存。塔正南底层辟有拱形塔门。从第二层至第七层正南也辟塔门。塔身各层以砖叠涩出檐，檐下砖雕斗栱。塔身各层均饰假窗。塔顶叠涩收分。塔通高 30.2 米。塔身第 7 层以下收分较小。原为福严院标志塔。始建年代不详，似为宋代建筑。

1982 年，人民政府曾拨专款，对塔身底层进行了局部加固维修。

14.2 维修大事记

序号	时间	内容
1	1980～1982 年	请工匠烧制不同规格的青砖 24 种，加固维修塔底层局部损坏处，并在塔体四周砌筑了保护围墙

14.3 图像资料

■ **现状照片**（图 2.2.68）

图 2.2.68　延安富县福严院塔

15. 西安户县敬德塔

15.1 文献

■ 研究资料

1. 赵克礼. 陕西古塔研究 [M]. 北京：科学出版社，2007：161-162.

陕西省重点文物保护单位（1957 年公布）。方形 7 层楼阁式实心砖塔，残高 16.98 米，底层边长 2.8 米。塔身底层较高，西面辟券门。二层以上每面作仿木结构三间，砌出倚柱、阑额、平坐栏杆；当心间辟券龛，两侧饰菱花假窗。层间平砖叠涩出檐，加饰菱角牙子。一层檐下施双杪五铺作斗栱，其余各层檐下及平坐下均为四铺作单杪斗栱，补间铺作一朵，塔檐仿木构橼头、瓦垄，塔顶残毁。文献记载：宝林寺"在县南五十里紫阁峪，唐太宗敕建，尉迟恭监修，宝塔高五丈余，内有涌钵泉"，因此，后世称该塔为敬德塔，此说被后来各种资料广泛采用。该塔建造年代除了"唐建"外，还有建于五代之说。1988 年该塔维修时，在五层西券龛内发现砖刻塔铭一方，全文为："紫阁山主贵师伯 / 寺主大师崇净小塔主得用 / 舍塔上铃人阿周薛清本院主官王庆东京□鞋人曹伴木 / 作都料刘顺本县修塔都 / 科扬升塔下庄功得（德）人郑明 / 元祐七年八月十五日起塔"。铭文准确地记载了该塔建造的时间为宋"元祐七年"即公元 1092 年。至此可确定宝林寺塔属宋塔无疑。据记载，宝林寺遗址内"原有三座砖砌六方舍利塔，长（丈）多高，'文革'中毁掉"。

近年来有学者认为，宝林寺塔是为保存唐玄奘灵骨而修建的舍利塔，此说尚未得到确切的实物支持。

2. 解长峰. 陕西名胜概览 [M]. 西安：三秦出版社，2007：163.

在户县城东南 25 公里秦岭紫阁峪荣关村。敬德塔原名宝林塔，相传唐太宗李世民敕建，尉迟敬德监修，故称敬德塔。

据《户县县志》记载，唐太宗李世民曾驾幸于此避暑游山，建宝林寺，塔为寺之一部分，故名宝林塔。此塔为方形砖塔 7 层，高 17 米，实心密檐楼阁式，建筑精致，造型华丽，玲珑巧妙。各层四面皆有神龛，龛侧以砖雕栏杆，今传塔下有唐僧玄奘遗骨，尚无确切佐证；但塔为一庄严古朴的佛教建筑艺术珍品。

敬德塔为陕西省重点文物保护单位。

15.2 维修大事记

序号	时间	内容
1	1988 年	清除塔顶和各层塔檐上的树木、杂草，修补部分塔砖，并安装避雷针
2	2005 年	塔四周加建围栏，维修塔顶避雷针

15.3 附属文物一览表

序号	名称	位置	相关说明
1	《紫阁山贵师伯》石碑	塔身第五层北面塔龛内	载有"元祐七年六月十五日起塔"文字

15.4 图像资料

■ **历史图像**

1. 李魁元. 华夏古塔集锦 [M]. 西安：陕西旅游出版社，2001：101.（图 2.2.69）

■ **现状照片**（图 2.2.70）

图 2.2.69 《华夏古塔集锦》所载西安户县敬德塔照片

图 2.2.70 西安户县敬德塔

16. 延安洛川万凤塔

16.1 文献

■ 历史文献

1. [清] 刘于义. 雍正敕修陕西通志 [M]. 钦定四库全书本. 一百卷.

卷二十九.

兴国寺。在县东南七十里鄜城镇。明嘉靖十五年修，有碑记（《县册》）。

2. [清] 刘毓秀. 嘉庆洛川县志 [M].（中国地方志集成·陕西府县志辑·第四十七册）. 据清嘉庆十一年刻本影印. 二十卷首一卷. 南京：凤凰出版社，2007：355-549.

卷十一. 431页.

鄜城古塔。未详建自何代，盖数百年胜迹也。

■ 研究资料

1. 赵克礼. 陕西古塔研究 [M]. 北京：科学出版社，2007. 282-283.

陕西省重点文物保护单位（1992年公布）。八边13层密檐楼阁式空心砖塔。又名"兴国寺塔"、"鄜城古塔"。据记载，该塔始建于唐代，宋代至明洪武年间数次修葺。通高42米，底边长3.3米；塔身底层南向辟券门，门宽0.8米，高2.06米。门额题刻"万凤塔"三字。二至七层辟券龛间饰假门、窗；每层二至八龛不等，龛内多置石佛像；二层东西两面，饰假门和直棱窗，层间施砖雕"五铺作双杪偷心造"，加饰补间斗栱一朵，排列密集，富丽壮观，塔檐仿木构出双排椽头、瓦垄；塔顶平砖攒尖，塔刹无存；塔内原有木梯通顶，今已毁；塔砖中可见唐代手印砖。塔旁有清碑1通。据《洛川县志·宗教祠祀志》记载："兴国寺，在县东鄜城东高山麓，内有古塔。明洪武年敕修，成化年、正德九年、嘉靖十五年皆重修，明邑人、山西按察使金事、四川布政司左参议、前刑部员外郎、蒲掷山夫张文奎有碑记"。有人据此称该塔为"明代建筑"，还有人说万凤塔为"唐代建砖塔"。《陕西名胜古迹》认为"万凤塔的建造形式与富县直罗柏山寺塔极为相似，其建筑年代也应相同。"新编《洛川县志》认为"以建筑风格和遗物判断，当建于宋代，明宣德九年修葺"。《陕西省志·文物志》认为：万凤塔"建于北宋早期"。万凤塔斗栱、塔檐、塔身装饰具有典型的陕西地区宋塔特征，当属宋塔无疑。塔砖规格：35.5厘米×6厘米×17厘米。

2. 解长峰. 陕西名胜概览 [M]. 西安：三秦出版社，2007：581.

在洛川县土基镇鄜城村南。万凤塔，其所在地鄜城村是故都城的所在地，故万凤塔又称鄜城古塔。

万凤塔建于唐武则天永昌元年(689年)，平面为8边8角，底边长3.2米，为13层砖塔，塔高40米余，各层都有门窗斗栱装饰，外面还有小龛，内有石刻雕像，在第三层小龛中，有《西游记》人物唐僧、孙悟空、猪八戒、沙和尚雕像。

万凤塔始建于唐代，宋、明均重修，因而留下各时代的特点。此外，塔东5里，有鄜台1座，在台上望万凤塔，更为壮观。

3. 延安地区文物普查队. 延安地区古塔调查记 [J]. 文博，1991（02）：3-15，74；图版壹至肆.

万凤塔，也名兴国寺塔，因位于土基镇鄜城村南，故也名鄜城塔。为八角13级空心式砖塔，为楼阁式塔。通高约30余米。塔正南辟塔门，宽0.85米，高2.2米。塔门门楣上刻"万凤塔"三字。塔地面以上未见基座。塔体第一层每边长3.1米，周长24.8米。塔二层至六层正南均开塔窗，背面二至六层开假窗，第五层八面均开窗。塔身三~六层南面塔窗内供奉石雕佛象。塔顶以砖叠涩收分，但损坏严重，塔刹已无存。塔内原有木楼板及木扶梯,现已无存。塔身第七层以上不开窗。塔身外各层以砖叠涩出檐,檐下砖雕斗栱装饰。塔砖以手印砖为主。据《洛川县志·宗教祠祀志》卷二〇载:"兴国寺,在(洛川)县东鄜城东高山麓,内有古塔。明洪武年敕修,成化年、正德九年(公元1514年)、嘉靖十五年(公元1536年)皆重修。明邑人、山西按察使佥事、四川布政司在参议、前刑部员外郎蒲山掷夫张文奎有碑记。"据此,则万凤塔应建于明太祖洪武年间(公元1368至1398年)。明代洛川知县王一贤五律诗《兴国寺》有句:"长松巢水鸟,高塔叫征鸿"。清代洛川邑令刘建中五律诗《过古鄜城县》也有句:"七级浮屠竿,高原一望平"(均见《洛川县志》)都是描述万凤塔的。

16.2 测绘图

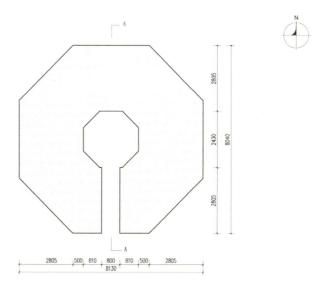

延安洛川万凤塔一层平面图

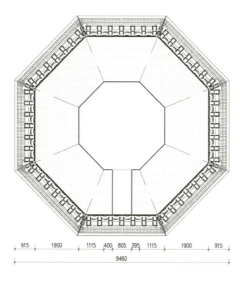

延安洛川万凤塔二层塔檐仰视图

图 2.2.71 延安洛川万凤塔平面图

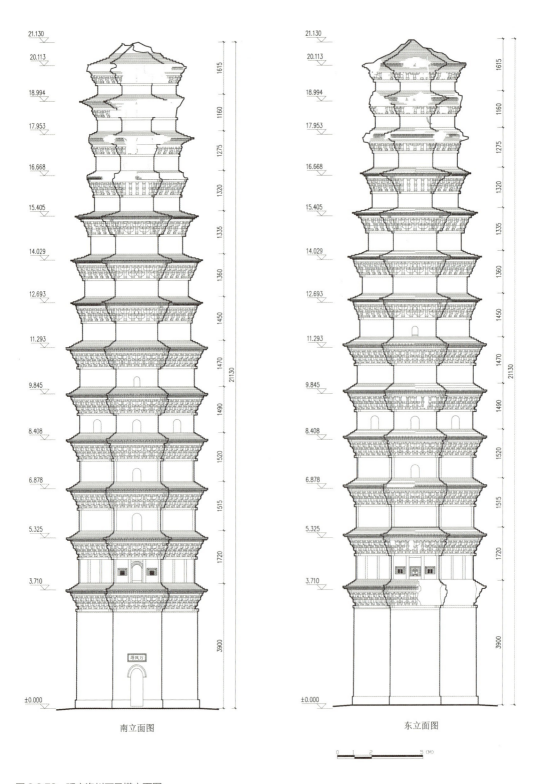

图 2.2.72 延安洛川万凤塔立面图

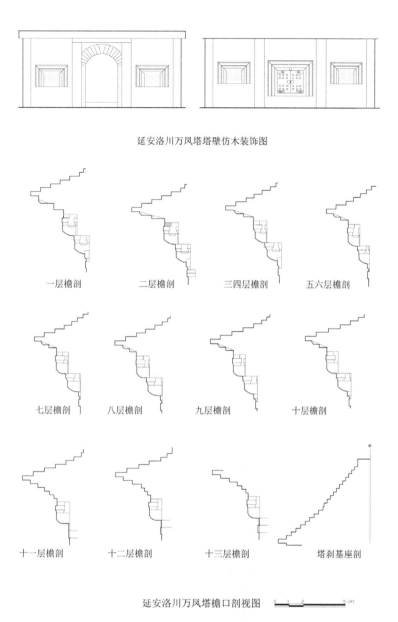

图 2.2.73 延安洛川万凤塔大样图

16.3 维修大事记

序号	时间	内容
1	金代	维修
2	明太祖洪武年（1368～1398年）	维修
3	明武宗正德九年（1514年）	重修
4	明世宗嘉靖十五年（1536年）	重修
5	1999年	对万凤塔基础进行加固防水处理
6	2003年8～10月	对塔体一层进行加固维修

16.5 图像资料

■ **现状照片**（图2.2.74）

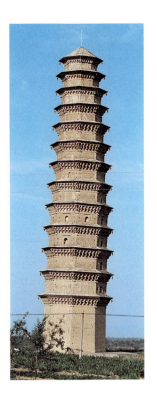

图2.2.74　延安洛川万凤塔

17. 铜川延昌寺塔

17.1 文献

■ 历史文献

1. [清] 刘于义. 雍正敕修陕西通志 [M]. 钦定四库全书本. 一百卷.

卷二十九.

延昌寺，在城西十五里张家坡。康熙八年重修（《州志》）。

2. [清] 李廷宝. 嘉靖耀州志 [M]. (中国地方志集成·陕西府县志辑·第二十七册). 据清乾隆二十七年汪灏刻本影印. 十一卷. 南京：凤凰出版社，2007：339-421.

卷二. 357 页.

……州西十五县有延昌寺，临涧谷河，建自后魏延昌公主。始公主持戒行，结庵于此，手塑万佛，人遂称万佛寺。宣武时屡诏公主归，坚辞不赴。卒，葬大唐山下陵，号曰延昌。因敕寺额曰延昌寺。今寺后塑公主像，诸法器十余种，相传公主时遗物。

■ 研究资料

1. 赵克礼. 陕西古塔研究 [M]. 北京：科学出版社，2007：178 – 179.

六边密檐式实心砖塔，残存 8 层，残高 18.62 米，底边长 2.2 米。塔身底层西北面辟券门，门宽 0.94 米；二层以上实心，二层南、北面辟券龛，每面作仿木结构三间，隐出倚柱、阑额；三层增设平坐栏杆。二至四层当心间多饰作板门，次间作卧棂窗；层间双排椽头出檐，檐下施"五铺作双杪偷心造"，补间为双杪偷心造斗栱一朵。塔砖规格：33 厘米 ×7.5 厘米 ×5.5 厘米。现塔身整体向东倾斜。

延昌寺，原名"万佛寺"，因传说北魏孝文帝延昌公主在此"手塑佛像万尊"而得名。延昌公主圆寂后，该寺被赐名"延昌寺"。延昌寺塔建于何时，没有确切记载，金代所立《耀州华原县延昌寺三门记》碑里便有延昌寺"殿塔崇俊、堂室弘敞"的记载，显然，该塔修建时间下限不应晚于金代。依据该塔风格，当为北宋时建筑。延昌寺曾在"康熙八年（1669 年）重修"。寺中尚存隋唐造像碑三通，原来与宋塔为伴的石刻佛塔已被移到药王山博物馆。

2. 解长峰. 陕西名胜概览 [M]. 西安：三秦出版社，2007：274.

在铜川市耀州区下高埝乡赵家坡。万佛寺塔因建于万佛寺旧址，故名。

据《耀州志》载：延昌寺，临涧谷河，建自后魏延昌公主，公主持戒行，结庵于此，手塑万佛，人遂称万佛寺。(北魏) 宣武帝 (元恪) 屡诏公主归，坚辞不赴，卒葬大唐山 (在耀州西北 70 里) 下，陵号曰延昌，因敕寺额曰延昌寺。寺早毁圮，唯存宋代砖塔和金代石塔各一座。

宋代塔，为六边九级实心砖塔，高约 20 余米，全用方砖所砌成，层层出檐，上盖双瓦，下砌椽头斗栱。二层和三层有门窗，一层正北有券门。塔虽向东微斜，然仍端庄雄丽。

金石塔，为方形 10 层石塔，全以整块青石雕刻叠垒而成，层层出檐，底座边长 0.68 米，通高 2.62 米，尖顶，而上部圆平，直径只有 0.08 米。塔身每层四周雕佛、侍从 40 尊，顶部周围雕造较大的佛像 4 尊，全塔共雕像 404 尊，雕工精细，小巧玲珑，是陕西省内少见的石刻文物。金代石塔现已迁移到药王山上保护。

宋塔金塔均为陕西省重点文物保护单位。

17.2 附属文物一览表

序号	名称	相关说明	备注
1	魏洪达造像塔	造于金明昌四年（1193年）时期。塔为方锥形，上小下大，通体为一块完整青石雕刻而成，每级檐下饰斗栱与立柱。石塔通高2.62米，底座边长0.68米，顶部呈圆形，直径0.08米。塔身每级四周雕造有佛、菩萨、胁侍40尊，顶部四面雕较大佛像4尊，总共雕造各类佛像404尊。现为国家二级文物	1981年搬迁至药王山
2	王扶犁造像碑	刻于西魏（535~556年）时期，该碑高0.67米，宽0.62米，厚0.17米。石灰岩质，上下段皆有残缺，背面及左侧面被磨平，右侧为邑子题名，漫漶不清。正面较清，全为题名，共分四层，首层、二层、三层各21人，四层存半	现存药王山博物馆
3	王枕女造像碑	有唐总章二年（669年）款，该碑高1.2米，宽0.53米，厚0.19米，石灰岩质，三面造像。正面一龛，内刻一佛二圣僧二观音。龛左右各一天王。碑阴于金大定时磨光，刻《延昌寺宗派图》	

17.3 图像资料

■ **现状照片**（图2.2.75）

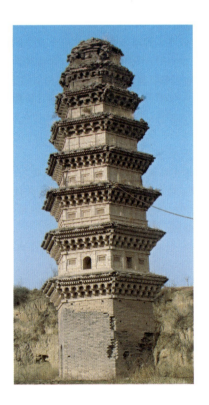

图2.2.75 铜川延昌寺塔

18. 汉中东塔

18.1 文献

■ 历史文献

1. [清]王行俭.乾隆南郑县志[M].(中国地方志集成·陕西府县志辑·第五十一册).据清乾隆五十九年刻本影印.十六卷.南京：凤凰出版社，2007：1-144.

 卷十.90页.

 静明院。《府志》：在府治东二里，明洪武八年建。院北有砖塔。

2. [民国]郭凤洲，柴守愚.民国续修南郑县志[M].(中国地方志集成·陕西府县志辑·第五十一册).据民国十年刻本影印.七卷.南京：凤凰出版社，2007：145-370.

 卷二.191页.

 净明寺。东门坊。明洪武八年建。

■ 研究资料

1. 曾维华.中国古史与文物考论[M].上海：华东师范大学出版社，2008：340-341.

 净明寺塔，俗称东塔。在今陕西汉中市东关。塔原属净明寺，现寺已不存。

 塔方形11层，为密檐式砖构建筑，高约15米。塔下为砖砌基座，高约50厘米，其上有一层高约16厘米的方形台基。塔底层东面辟门，门内为一方室。塔各层高度向上逐层递减，面积亦逐层内收。每层用砖叠涩出檐。下施菱角牙子。二层以上每面正中辟有券龛，龛两侧各砌单层小方塔一座。

 关于塔的建筑年代，文献记载不详。1953年，汉中市文管部门整修该塔时，曾发现塔顶残存压角铁狮一对，其上镌有"庆元四年"等字样，以此可证，该塔约建于南宋庆元四年（1198年）前后。

2. 解长峰.陕西名胜概览[M].西安：三秦出版社，2007：349.

 在汉中市东关净明寺内。净明寺塔因处于汉中市东关，俗称东塔。据《汉中府志》载："净明寺，府东门外，明（太祖朱元璋）洪武八年（1375年）建，后有砖塔。"据《南郑县志》载："净明寺古塔，即东湖塔影所照者，不知起于何代。相传庞德（东汉时南安豲道人，相当于今甘肃陇西东南，字令明，初据西凉的马腾和腾之子马超，后归曹操为立义将军，汉献帝刘协建安二十四年，屯兵樊城，助于禁攻关羽，遇汉水泛滥，兵败被擒，为关羽所杀）曾养疴于此，中嵌石碑，字模糊不可辨。"

 净明寺塔为四方实心单层、多檐式砖塔，塔门东向封堵，原为13层，年久失修，最上2层已坍塌，现为11层，高18米许，顶为圆形。各层距及直径自下向上递减。最下层为方形砖基，高3.3米，宽4.37米。其出檐结构，先自壁面叠涩一层，上施菱角牙子一层，再上叠涩砖四五层，合砌成为塔檐。塔身每面辟券龛，龛两侧各砌单层小方塔1座，共40座，人称之为"塔上塔"。

 净明寺塔，1952年曾予修葺，在修葺时于塔顶发现压顶铁狮子1对，镌刻"庆元（南宋宁宗赵扩年号）四年(1198年)洋州（今洋县）城西李子昭谨拴"字样。此塔质朴庄重，秀丽雄伟。昔者"东塔西影"为汉中八景之一。

 净明寺塔为陕西省重点文物保护单位。

3. 赵克礼.陕西古塔研究[M].北京：科学出版社，2007：372.

 陕西省重点文物保护单位（1957年公布）。方形密檐式实心砖塔，现存11层，残高16.5米。底层每边宽4.37米，一层有塔室，现已封堵；二层以上，每面中心辟小券龛，内置立砖一块，原来是否有文字，待考。

券龛两侧各有单层亭式小塔一座。层间平砖加饰一层菱角牙子叠涩出檐。该塔建筑年代，史无详载，据现塔身一层东面所嵌《培修净明寺古塔记》记载："施工中发现塔顶残存压角铁狮一对，镌有'庆元四年洋州城西街李子昭谨舍'字样"。庆元四年为1198年，可知，净明寺塔比洋县开明寺塔建筑年代略晚，同属于南宋宁宗时代，因此，该塔风格多有模仿开明寺塔之处。另外，该塔塔砖上，多有铭文"□（疑为'临'字）梁"二字。今汉中市及附近地区，在西晋、南朝、唐代均为"梁州"治所。砖铭含义待考。

4. 陕西省文物局编.陕西文物古迹大观：陕西省省级文物保护单位巡礼[M].西安：三秦出版社，2006：405.

东塔全称为汉中市净明寺古塔，位于汉中市东关东塔小学（原净明寺）院内。始建年代不详。《汉中府志》载："净明寺：府东门外，明洪武八年（1375年）建，后有砖塔。"这表明建净明寺前塔已存在。据《南郑县志》载："净明寺古塔，即东湖塔影所照者，不知起于何代。相传（三国）庞德曾养疴于此，中嵌石碑，字迹模糊不可辨。"以此而定，古塔早在三国时就已建成。但无物可证。据古建专家从形制判断，认为可能系唐代所建。1953年汉中市人民政府拨款维修时，塔顶有压角铁狮子一对，上铸有"（南宋宁宗）庆元四年（1198年）洋州（今洋县）城西街李子昭谨舍"文字。这说明此塔最迟在南宋庆元四年已建起了。

东塔为方形单层密檐式砖塔，高15米，原为13层，因年久失修，最上两层已坍塌，1953年维修时取掉上部两层，改为11层。各层高度和直径，自下而上，逐层递减。底层为方形砖基，高3.3米，宽4.37米。其出檐结构是先自壁面叠涩一层，上施菱角牙子一层，再上叠涩砖四五层。塔身以上各层，每面正中辟有券龛，龛两侧各砌单层小方塔一座。塔顶圆状，结构古朴，整体构造端庄朴素，姿态秀丽，高耸云表，令人赞叹，昔日为汉中八景之一——"东塔西影"。

1957年5月31日陕西省人民委员会公布东塔为第二批省级重点文物保护单位。1992年4月20日公布保护范围。其重点保护范围是以塔为中心，东至东塔小学办公院，西至东塔小学教师宿舍，南至小学厨房，北至小学办公室。一般保护区与建设控制地带为：东至操场边围墙，西至教师宿舍，南至东关正街，北至小学北围墙。

5. 赵立瀛.陕西古建筑[M].西安：陕西人民出版社，1992：180.

净明寺塔坐落在汉中东关。塔原在寺院内偏西，寺已久废，现仅存此塔。

塔平面方形，原为13层，现存11层，高约15米。底层特高，以上逐层收减高宽，为砖造密檐式塔。塔身叠涩出檐，先自壁面叠涩一层，上施菱角牙子一层，再上叠涩四至五层。底层塔门向东，门内有小方室，高约3米。以上各层为实心，每面正中辟券龛，龛两侧各砌出单层小方塔一座。

塔的创建年代无考，但在1953年维修施工时发现塔顶残存压角铁狮一对，镌有"庆元四年（1198年）扬州城西街李子昭谨"字样。庆元为南宋宁宗年号，可知为宋代所建。

6. 袁明仁等.三秦历史文化辞典[M].西安：陕西人民教育出版社，1992：905-906.

净明寺塔 位于陕西汉中市东关。据《汉中府志》载："净明寺：府东门外，明洪武八年（1375年）建，后有砖塔。"塔前原有净明寺，以寺名塔，又因地处城东，俗称东塔。塔四方形。单层密檐式砖塔，四面正中辟券龛，龛两侧各砖砌隐出单层小方塔1座。塔高约15米、11层（原为13层，上面两层坍塌），每层叠涩出檐下施菱角牙子。塔下层为高3.3米、宽4.37米方形塔基，向上各层高度和直径逐层递减，塔顶呈圆形。塔的整体形制古朴，造型雄伟秀丽，享有"东塔西影"之誉，为汉中市八景之一。关于塔的始建年代，文献无所考，据1955年整修时发现塔顶残存铁狮一对，狮身镌有"庆元四年洋州城西街李子昭谨拴"9字，可知塔最晚年代应于南宋宁宗庆元4年（1198年）。现为省级重点文物保护单位。

18.2 维修大事记

序号	时间	内容
1	1953 年	修缮为十一层（原十三层，最上两层及塔顶坍塌）

18.3 附属文物一览表

序号	名称	位置	相关说明	数量
1	压角铁狮子	塔顶	镌有"庆元四年洋州城西街李子照谨舍"字样	一对
2	柏树	塔西	树龄约 100 年	共两棵

18.4 图像资料

■ **历史图像**

1. 李魁元. 华夏古塔集锦 [M]. 西安：陕西旅游出版社，2001：95.（图 2.2.76）

■ **现状照片**（图 2.2.77）

图 2.2.76 《华夏古塔集锦》所载汉中东塔照片

图 2.2.77 汉中东塔现状照片

19. 延安志丹砖塔群

19.1 文献

■ **研究资料**

1. 赵克礼. 陕西古塔研究 [M]. 北京：科学出版社，2007：296-300，321页.

陕西省重点文物保护单位（1992年公布）。寺早年已毁，地方志中没有任何记载，所以，寺名及沿革不详。原有九塔，所在地因之被称为"九塔湾"。九塔湾东北方向的另一座塔，也是同时代所修建，但不在九塔之中。

九塔湾塔1：八边形空心砖塔。地面上残存5层，以其底层距地面不远就有出檐等情况判断，还有部分塔身埋于地下。现地面以上高6.07米，底边长1.17米。塔身二层南向有圭角形窗洞，其余塔面朴素无任何装饰，层间以平砖四层叠涩出檐，檐头平短。平砖八角攒尖收顶，无塔刹。塔砖规格：37.5厘米×18厘米×5.5厘米，砖与砖之间以黄胶泥勾缝。

九塔湾塔2：方形4层楼阁式空心砖塔，地面以上高5.31米，底层边长2.05米。一层南向有圭角形塔门，其余塔面无装饰。层间平砖加饰一层菱角牙子共四层叠涩出檐。塔檐略呈弧形，檐角略上翘。平砖四角攒尖收顶。无塔刹。塔砖规格：41.5厘米×21.5厘米×5.25厘米，砖与砖之间以黄胶泥勾缝。

在志丹县九塔湾和富县八卦寺塔中，凡四方形的塔，塔檐均呈弧线上翘。

九塔湾塔3：方形9层楼阁式空心砖塔，高8.2米，底边长3.05米。塔身除一层南向有圭角形塔门外，其余塔面无任何装饰。层间平砖四层叠涩出檐，檐头成弧形，檐角微向上翘，使得古塔整体有了刚柔相济的美感。平砖四角攒尖收顶，无塔刹。塔砖规格：37厘米×19厘米×5.5厘米，砖与砖之间以黄胶泥勾缝。该塔无论是高度还是位置，都使其在塔群中居首要地位。

九塔湾塔4：八边形4层楼阁式空心砖塔，地面上高度为5.05米，底边长1.43米。塔身一、二层南向有圭角形窗洞外，其余各层塔面无装饰。层间以平砖4层叠涩出檐，四角攒尖收顶，无塔刹。塔砖规格：37.5厘米×17.5厘米×5.5厘米，砖与砖之间以黄胶泥勾缝。

九塔湾塔5：八边4层楼阁式空心砖塔。以其形状应该还有一层塔身由于水土流失埋于地下。现地面残高4.7米，底边长1.17米。四层塔面上嵌有以朱色绘制的动物图案，但因时间久远而模糊不清，其中隐约可见马的形状，这在现存的八座塔中是唯一的。在塔身上刻画动物图案，是陕西明代古塔的特征之一，这为断定此批古塔的年代提供了重要的参考资料。层间以三层平砖加饰菱角牙子叠涩出檐，檐头平短。八角攒尖收顶。无塔刹。塔砖规格：36.5厘米×18厘米×5.25厘米，砖与砖之间以黄胶泥勾缝。

九塔湾塔6：八边4层楼阁式空心砖塔，地面可见四层。以其形状，可能还有一层塔身被黄土掩埋。现地面高度为4米，底边长1.05米。塔身一二层均有一圭角型窗洞，塔面无装饰。层间以平砖三层叠涩出檐，檐头平短。八角攒尖收顶，无塔刹。塔砖规格：30.5厘米×18厘米×5.5厘米，砖与砖之间以黄胶泥勾缝。

九塔湾塔7：八边形楼阁式空心砖塔，地面可见4层。高4.28米，底边长1.25米。塔身三层有一圭角形窗洞，层间平砖四层叠涩出檐，出檐短平。八角攒尖收顶，无塔刹。塔砖规格：36厘米×18厘米×5.5厘米，砖与砖之间以黄胶泥勾缝。

九塔湾塔8：八边形楼阁式空心砖塔。地面可见4层。地面高度为4.2米，底边长1.07米。塔身一、二、三层各有一个圭角形窗洞。塔面无装饰。层间以平砖三层叠涩出檐，檐头平短。八角攒尖收顶，无塔刹。塔砖规格：36.5厘米×19厘米×5.5厘米，砖与砖之间以黄胶泥勾缝。

九塔湾古塔与富县八卦寺古塔地理位置接近，风格一致，当属同时期的古塔。

2. 陕西省文物局. 陕西文物古迹大观：陕西省省级文物保护单位巡礼 [M]. 西安：三秦出版社，2006：499.

砖塔群，宋至明代建筑。位于志丹县义正乡石湾村九塔湾。九塔湾原名卧虎湾，因此地建有砖塔9座，故名。砖塔群地处半山慢坡地带。

现当地仅存砖塔8座，从右至左依次编号。1号塔，八角五级空心式砖墙，通高11.2米。塔身第一层正面辟有尖拱式塔门。塔身各层以砖叠涩出檐，塔顶叠涩收分。2号塔，四角五级式空心式砖塔，通高9.1米。底层正面辟塔门。塔身各层以砖叠涩出檐，塔顶以砖叠涩收分成覆斗状。3号塔，四角九级空心式砖塔，通高15米。塔底层正面辟塔门。各层塔身均以砖叠涩出檐，檐角起翘，檐中部略下凹而呈弧状。塔身第九层及塔顶损坏严重。4号塔，八角四级空心式砖塔，通高5.8米。塔身第二层正面辟塔门，塔身各层以砖叠涩出檐，塔顶以砖叠涩收分。5号塔，八角三级空心式砖塔，通高3.6米。塔身第二、三层正面均辟有塔门。6号塔，八角四级空心式砖塔，通高5.2米。塔身各层以砖叠涩出檐，塔顶以砖叠涩收分。塔身第二、三层正面均辟有塔门。7号塔八角三级空心式砖塔，通高5.1米。塔底层正面辟有塔门。塔身各层以砖叠涩收分，塔顶以砖叠涩收分。8号塔，八角四级空心式砖塔，通高5.6米。塔身第三层正面辟塔门。塔身各层以砖叠涩出檐，塔顶以砖叠涩收分。

九塔湾砖塔群规模宏大，似为附近某寺院的僧侣墓塔。塔之建筑年代无文字记载，从建筑风格判断，应为宋至明代建筑。

1992年4月20日，被陕西省人民政府公布为第三批省级重点文物保护单位、同时公布保护范围。其重点保护区为：砖塔群。一般保护区为：塔群周围外延15米内。建设控制地带为：一般保护区外延30米内。

3. 延安地区文物普查队. 延安地区古塔调查记[J]. 文博.1991（02）：3-15，74；图版壹至肆. 10页.

九塔湾塔，位于义正乡石湾村九塔湾。九塔湾原名卧虎湾，因建有砖塔9座，故名。

现仅存砖塔8座。8座塔从右至左依次编号。1号塔，八角五级，塔身第一层正面辟尖拱式塔门，空心，通高11.2米。塔身每层以砖叠涩出檐，塔顶叠涩收分。2号塔四角五级，空心式，通高9.1米。底层正面辟塔门。塔身各层以砖叠涩出檐，塔顶以砖叠涩收分。3号塔四角九级，通高15米。塔底层辟塔门。各层塔身均以砖叠涩出檐，檐角上翘，檐中部下垂，略呈弧线，别具一格。塔身第九层及塔顶部损坏严重。4号塔八角四级，高5.8米，空心式。塔身第二层正面辟塔门。塔身各层以砖叠涩出檐。塔顶以砖叠涩收分。5号塔八角三级，高3.6米。塔身第二层和第三层正面辟有塔门。也为空心式。6号塔八角四级，空心式，第二层和第三层正面均辟有塔门。塔身各层以砖叠涩出檐，塔顶以砖叠涩收分，塔体通高5.2米。7号塔八角三级，空心式，通高5.1米。塔底层正面辟有塔门。塔身各层上以砖叠涩出檐，塔顶以砖叠涩收分。8号塔八角四级，空心式，通高5.6米。塔身第三层正面辟有塔门。塔身各层以砖叠涩出檐，塔顶以砖叠涩收分。九塔湾塔群规模宏大，应为附近某寺院的僧侣墓塔，从建筑风格看，当为宋代建筑物。

19.2 维修大事记

序号	时间	内容
1	1996年	对塔体残损部分进行维修

19.3 图像资料

■ **现状照片**（图2.2.78）

图 2.2.78　延安志丹砖塔群

20. 咸阳礼泉香积寺塔

20.1 文献

■ 历史文献

1. [清]刘于义.雍正敕修陕西通志[M].钦定四库全书本.一百卷.

卷二十八.

香积寺。在县东五十里薄太后村，寺后有塔（贾《志》）。本朝康熙十八年重修（《县册》）。

2. [清]蒋骐昌.乾隆礼泉县志[M].（中国地方志集成·陕西府县志辑·第十册）.据清乾隆四十九年刻本影印.十四卷.南京：凤凰出版社，2007.1-161.

卷四.38页.

香积寺。在县东五十里薄太后村，后有塔。《昭陵图》有.

3. [民国]张道芷，胡明荃.民国续修礼泉县志稿[M].（中国地方志集成·陕西府县志辑·第十册）.\
据民国二十四年铅印本影印.十四卷.南京：凤凰出版社，2007.163-411.

卷一.178页.

薄太后塔。在县东五十里香积寺后。

■ 研究资料

1. 赵克礼.陕西古塔研究[M].北京：科学出版社，2007：201-203.

陕西省重点文物保护单位（1992年公布）。方形7层楼阁式空心砖塔，又名薄太后塔。香积寺建于北魏至隋唐之间，清康熙十八年（1679年）重修。香积寺塔通高约28米，塔基边长6.5米。塔身底层辟南北券门，一层壁厚2米；二层至四层隔层交错辟券窗；五至七层四面均辟券窗；顶层塔壁厚1.4米。二层以上每面作仿木结构三间，砌出倚柱、平坐栏杆，层间以平砖加饰两层菱角牙子共计11层叠涩出檐，檐头饰仿木建筑单排椽头、瓦垄，檐下施砖雕两杪五铺作斗栱，补间铺作一朵，平坐下补间斗栱为双杪偷心造，平砖四角攒尖收顶，塔刹无存。塔内设木梯可登临。塔旁遗存唐代经幢残体及柱础石等。1985年4月，陕西省人民政府拨款13.44万元维修，同年10月完工。

关于该塔的建造年代，众说纷纭。有"塔建于唐代"、"塔建于唐代（618～907年）"、"塔的肇建年代不详，从造型及斗栱设施看，应是唐末五代时建筑"、"系唐末建楼阁式砖塔"，以上诸说，均无确切材料证明。参照户县宝林寺塔、澄城精进寺塔、华县蕴空寺塔等有确切纪年考古资料的古塔，香积寺塔具有方形宋塔的基本特征。

俗传汉高祖薄太后为礼泉县薄太后村人，据《汉书》记载，薄太后为吴人，此说无根据。

2. 解长峰.陕西名胜概览[M].西安：三秦出版社，2007：220.

在礼泉县烽火乡烽火中学校园内。香积寺塔为古代香积寺的寺塔，建于唐末，清代重修。亦称薄太后塔。

此塔外观方形，7层，楼阁式砖塔，通高40余米，自第二层起，塔身每面都砌出砖柱及平坐、栏杆，有叠涩砖檐，檐下隐出斗栱，造型雄伟而秀丽，为我国古代具有独特风格的一种塔形。

香积寺塔为陕西省重点文物保护单位。

3. 咸阳市文化局.咸阳文物古迹大观[M].西安：三秦出版社，2007：224.

俗称"薄太后塔"，位于礼泉县烽火镇刘家村烽火中学西院，咸（阳）北（屯）公路东侧。此地原有香积寺，后寺废塔存，因在薄太后村，故俗称"薄太后塔"。

塔为方形 7 层楼阁式砖塔。寺建于北魏至隋唐之间，今已不存。塔建于唐代。通高 27.618 米，塔基边长 6.50 米，占地面积 42.25 平方米。塔身底层辟南北向券门，往上隔层交错辟券门，五至七层四面辟券窗。二层以上每面作仿木结构三间，砌出倚柱、阑额、平坐斗栱和勾栏。层间以砖和菱角牙子叠涩出檐，施砖雕斗栱，补间铺作一朵。四角攒尖顶，塔刹无存。内设木梯可登临。各层檐角挂有风铃，每当风吹，铃声悦耳，美妙异常。塔旁遗存唐代经幢 3 座及柱础石等。

1985 年，省文物局拨专款修补了塔檐、券门，加固了塔基，对塔身进行了铁箍加固，恢复了塔内木楼梯及塔檐各角风铃。1985 年，礼泉县政府在此成立了文物保护管理所。1992 年 4 月 20 日，被陕西省人民政府公布为第三批省级重点文物保护单位，同时公布保护范围。其重点保护区（A 区）：香积寺围墙内。一般保护区（B 区）：东、北至围墙外 20 米，西至公路西边，南至墙 30 米。建设控制地带（C 区）：塔周围外延 150 米。

4. 罗哲文等. 中国名塔 [M]. 天津：百花文艺出版社，2006：110.

位于陕西礼泉县东 25 公里薄太后村旁，属于楼阁式塔。此塔的建筑年代史料无记载，从造型和装饰艺术推断，当是五代至宋初的遗物。

塔为正方形，7 层，砖砌，高 40 余米。第一层塔身较高，素面无装饰，正北面辟拱券门。自第二层以上，各层塔身四面均砌出砖柱和平坐、栏杆。每层塔檐均以叠涩砖挑出，檐下出斗栱。塔的内部为空筒形式。第一到底四层相错辟门，五层以上则四面辟门。可以看出，设计人对防止垂直裂缝的出现，还是经过考虑的。

20.2 维修大事记

序号	时间	内容
1	1985 年 7 月 ~ 1986 年 10 月	修复加固塔体

20.3 附属文物一览表

序号	名称	数量
1	唐代经幢	共三座
2	柱础石	

20.4 图像资料

■ **历史图像**

1. 李魁元. 华夏古塔集锦 [M]. 西安：陕西旅游出版社，2001：111.（图2.2.79）
2. 张驭寰. 中国古塔集萃（第三卷）[M]. 天津：天津大学出版社，2010：160.（图2.2.80）

■ **现状照片**（图2.2.81）

图 2.2.79 《华夏古塔集锦》所载咸阳礼泉香积寺塔照片

图 2.2.80 《中国古塔集萃》所载咸阳礼泉香积寺塔照片

图 2.2.81 咸阳礼泉香积寺塔现状照片

21. 铜川柏树塬塔

21.1 文献

■ **研究资料**

1. 赵克礼. 陕西古塔研究 [M]. 北京：科学出版社，2007：182.

铜川市重点文物保护单位。六边7层密檐式实心砖塔。通高约10米，一层塔身素面，高3米，底边长1.67米，面西有券门，门高1.36米，宽0.5米。二、三、四层，每面塔身分为三间，除二层东北、三层东面辟有券龛外，其余各面均饰有卧棂窗、菱花图案窗、假门等。层与层间出仿木结构双排椽头，瓦垄。檐下为双杪五铺作斗栱，补间铺作一朵。六角攒尖收顶，塔刹无存。柏树塬塔具有陕西、特别是铜川市辖区宋塔的基本特征。

21.2 附属文物一览表

序号	名称	位置	相关说明
1	"神龟九年款张世安"造像碑	北寺遗址	
2	无名碑	北寺遗址	
3	八角覆盆莲座	北寺遗址	
4	建筑材料残片	北寺遗址	遗址地表散见灰布筒、板瓦、琉璃脊兽、灰陶脊兽、勾头筒瓦龙纹兽面勾头等建筑材料残片
5	龙爪古槐	塔南250米	高3.4米，主干周长1.89米，树冠较大，今尚茂盛

21.3 图像资料

■ **现状照片**（图 2.2.82）

图 2.2.82　铜川柏树塬塔

22. 铜川兴元寺塔

22.1 文献

■ 历史文献

1.[清]袁文观.乾隆同官县志[M].(中国地方志集成·陕西府县志辑·第二十七册).清乾隆三十年刻.据钞本影印.十卷.南京:凤凰出版社,2007: 509-633.

卷二.538页.

兴元寺。在县东南十五里高坪村,隋开皇十三年建。宋绍兴九年、明正德二年各重修。今久废,其遗址石碑犹存。

2. [民国]余正东.民国同官县志[M].(中国地方志集成·陕西府县志辑·第二十八册).据民国三十三年铅印本影印.三十卷.南京:凤凰出版社,2007.

卷二十三.397页.

兴元寺。在县东南十五里高平村。隋开皇十三年建。宋绍兴九年、明正德二年各重修。旧《志》云:今久废。其遗址石碑犹存。

卷二十四.412页.

高坪寺塔刻经。在县东南十五里高坪村,即同官故城也,佛寺有塔四层,刻《般若波罗蜜多心经》,字迹糊模,多不可辨。

■ 研究资料

1.赵克礼.陕西古塔研究[M].北京:科学出版社,2007: 171-173.

铜川市重点文物保护单位。六边4层多宝塔式石塔。兴元寺始建于隋开皇十三年(593年),宋、明两代重修,现仅存塔,残高3.4米。六边形须弥座,仰覆莲出檐,每边长0.64米,束腰部刻有托塔力士像,塔基上置仰覆莲出檐,一层六边形塔身,边长0.38米,六面分别浮雕大象、狮子、牡丹等图案;第二层塔身为圆球形塔身,周径2.83米,西面有佛龛,内有坐佛一尊(已残);三层刻有佛教经文;四层浮雕花卉;四层以上为六边形相轮,塔刹残失。有资料称其为7层、唐宋建筑,与事实不符。

该石塔现在位于一村民院落内,塔下新砌了基座,使古塔得到了应得的保护,只是塔身自四层开始严重倾斜,岌岌可危。

塔下有数件散落的石塔构件,如六边形的挑角式塔檐等。结合兴元寺塔上部繁杂而重复的六边形塔体,笔者认为,此地原来应有两座以上石塔,倒毁后,人们将其合二为一,这样便出现兴元寺塔不伦不类的上部特征。

2.国家文物局.中国文物地图集.陕西分册(下册)[M].西安:西安地图出版社,1998: 171.

91—C.兴元寺塔[王益乡高坪村·唐~宋·市文物保护单位] 六角七级幢式石塔。寺始建于隋开皇十三年(593年),宋、明两代重修。现仅存塔,残高3.17米。塔基上置仰覆莲座。塔身各面线刻花卉、瑞兽图案。第三层为鼓形,雕有佛龛、佛像;四层辟一龛,内雕跏趺坐佛1尊。塔顶已残。一说为明代塔。

22.2 图像资料

■ **现状照片**（图2.2.83）

图2.2.83　铜川兴元寺塔

23. 商洛山阳丰阳塔

23.1 文献

■ 历史文献
秦凝奎.

1. [清] 康熙山阳县初志 [M].(陕西省图书馆藏稀见方志丛刊·第十三册). 三卷: 北京; 北京图书馆出版社, 2006: 445-712.

卷二.510-511 页.

莲花山, 县主山也, 在城北, 形如莲瓣, 东西蜿蜒起伏, 而西昂一首。西寺浮屠山其首也, 亦曰苍龙山, 又曰丰山。

2. [民国] 何树滋. 山阳县志 [M]. 民国抄本. 十二卷. 国家数字图书馆.（http://mylib.nlc.gov.cn/web/guest/search/shuzifangzhi/medaDataObjectDisplay?metaData.id=973886&metaData.lId=978367&IdLib=40283415347ed8bd0134833ed5d60004）.

卷二.1 页.

城北县治主山曰苍龙山, 形如卧龙, 蜿蜒起伏, 横亘城北, 昂首向西。西寺浮屠其首也, 亦曰丰山。

■ 研究资料

1. 赵克礼. 陕西古塔研究 [M]. 北京: 科学出版社, 2007: 335-336.

山阳县重点文物保护单位, 八边密檐楼阁式空心砖塔, 因地处古丰阳县而得名。塔身上部早年已毁, 现残存 6 层, 残高 21 米, 底层边长 2.54 米。塔身底层正面辟券门; 以上隔层相间辟门或隐作假门窗。层间砖雕斗栱、双排椽头、平砖加菱角牙子叠涩出檐。三层以上斗栱为双杪五铺作, 以下为三杪六铺作, 补间铺作一朵。二层以上增设平坐栏杆, 一层塔檐下有砖雕和线刻花卉、动物等图案装饰, 以其风格, 应为清代补修时所为。六层以上骤然收小, 形成塔刹基座, 以其做法和形制, 也应为后代所葺补; 有资料称该塔"始建于唐永徽三年（652 年）, 宋代重修, 清咸丰年间及民国时修葺"。据塔一层镶嵌的"咸丰庚申（1860年）二月"《维修古塔碑记》载, 古塔"未传建自何时"。民国修《山阳县志》亦记载为"未传建于何时"。对此, 新编《山阳县志》亦认为: 丰阳塔"建于唐永徽三年（652 年）, 根据无考"。据实地考察, 该塔的斗栱、平坐栏杆等特征具有极为典型的陕西宋塔风格, 为宋塔无疑。

该塔四至六层, 保留了宋代原塔风貌, 塔檐下双杪五铺作斗栱和平坐下单杪四铺作斗栱做工精细、工整。一至三层应为后代所葺补, 层间叠涩出檐后, 仿木构椽头瓦垄被取消, 结构散乱, 艺术水平大为降低。

2. 解长峰. 陕西名胜概览 [M]. 西安: 三秦出版社, 2007: 474.

在山阳县城关镇苍龙山下。丰阳塔因地处古丰阳县（今山阳县）城西门外, 以丰阳县名而名塔。

丰阳塔建于唐高宗李治永徽三年 (652 年), 故又称唐塔。传说塔原为 9 层, 地震毁上 3 层, 现为 6 层六角, 为奇特的橄榄形, 中间粗, 上下两头较细, 高 21 米, 周围 15.26 米, 塔身砖雕图饰精美, 刻有动植物花草图案。此塔的筑造打破古时筑塔之常规, 它不用白灰砂浆黏结, 而用当地之黄泥, 在造塔史上, 实属罕见。

23.2 维修大事记

序号	时间	内容
1	清咸丰庚申年（1860年）	维修
2	1952年	局部维修
3	2009年	维修

23.3 图像资料

■ **历史图像**

1. 李魁元. 华夏古塔集锦[M]. 西安：陕西旅游出版社，2001：113.（图2.2.84）

■ **现状照片**（图2.2.85）

图 2.2.84　《华夏古塔集锦》所载商洛山阳丰阳塔照片

图 2.2.85　商洛山阳丰阳塔

24. 延安富县八卦寺塔林

24.1 文献

■ **研究资料**

1. 赵克礼. 陕西古塔研究 [M]. 北京：科学出版社，2007：292-294.

……富县重点文物保护单位。寺早年废毁，尚存砖塔3座，间距5～15米。

八卦寺塔1：八边密檐楼阁式实心砖塔，残存8层、残高9.7米。层间饰单杪四铺作斗栱，补间斗栱一朵。仿木构双排橼头、瓦垄。塔身除一、三层南面辟圭角形龛外，其余素面。叠涩收顶，无塔刹。

八卦寺塔2：方形八层密檐式实心砖塔，通高9.5米，底边长2.8米；底层东向辟一券龛，层间平砖四层叠涩出檐，檐角缓慢向上翘起，使得每面塔檐均呈弧形。塔檐下饰有模压的花砖，图案为壸门或对称形的花卉。塔顶平砖攒尖，塔刹无存。塔砖规格：37厘米×18厘米×7厘米、32厘米×17厘米×6.5厘米。

八卦寺塔3：八边楼阁式实心砖塔，残存8层，残高约10米；除二、三层塔身一面辟有圭角形龛外，均为素面，层间以平砖三层叠涩出檐外，别无装饰。

关于八卦寺塔的建筑年代，诸说纷纭。有"似为宋金时期的建筑物"、"金明时期建筑"、"建于晚唐时期"等。

八卦寺塔群与志丹县九塔湾塔群风格一致，地理位置相近，同属子午岭东侧山林地带，应为同期产物。其中八边形塔，出檐短促，辟有圭角形塔龛，工艺粗糙，八卦寺一号塔的斗栱具有明塔特征。另外，笔者在志丹九塔湾的一座八边形塔檐下，发现有用朱红色绘画的动物图案，将动物图案雕刻于塔上，是陕西明代古塔的一个典型特征。综合各种因素，这些八边形的塔，应为明塔。塔群中的方形塔，虽然塔身装饰与八边形的塔不同，但是却有着共同的特性，这就是圭角形塔门。

建造如此数量的佛塔，需要特定的社会条件，一是人口的稠密，二是社会心理的需求。宋代，陕北为兵家争斗之地，战争需要的充边移民很多，这些应该是这里大量出现古塔的基本条件，综合各种因素，这些塔应为明代所修。

2. 陕西省文物局. 陕西文物古迹大观：陕西省省级文物保护单位巡礼 [M]. 西安：三秦出版社，2006：500.

八卦寺塔林为金明时期建筑，位于富县张家湾镇八卦村北500米处。据说此地原名八塔寺，因有8座塔而得名。现仅存3座塔，间距5～15米。村名因八塔寺而讹传为八卦寺。塔群由北至南，依次称为北塔、中塔、南塔。

北塔，八角九级，通高9.7米。塔身各层出檐均砖雕滴水、枋头、斗栱。塔第三层辟一券龛，层间均以双排橼头出檐，施四铺作单杪斗栱，补间铺作一朵。塔顶以砖叠涩收分，塔体实心。塔底边长1.43米。

南塔，八角七级，通高9.8米。塔身各层以砖叠涩出檐。塔身二、三层东面辟龛。塔身第七层修至一半不知何故而辍工，无塔刹。塔体实心。

中塔，四角七级，通高9.5米。塔身各层以砖叠涩出檐，檐角稍作起翘，檐中部略下凹。塔底边长2.8米。底层东向辟一券龛。塔各层饰有砖雕壸门、兽头等图案一周。塔顶以砖叠涩收分，塔顶以平砖攒尖，塔刹无存。

2003年9月24日，被陕西省人民政府公布为第四批省级重点文物保护单位。同时公布保护范围为：三座塔塔体及塔基，包括塔间空地四面外延，向东5米至石塄畔，向西15米至山体，向南外延30米，向北外延30米。建设控制地带为：保护范围的四面外延10米。

3. 延安地区文物普查队. 延安地区古塔调查记 [J]. 文博. 1991（02）：3-15，74；图版壹至肆. 12页.

八卦寺塔，位于张家湾乡八卦寺村，共有砖塔3座。从右至左依次编号。1号塔八角七级，通高9.6米。塔身每层以砖叠涩出檐，檐下砖雕滴水、枋头、斗栱。塔顶以砖叠涩收分，塔体实心。2号塔八角七级，高6.2

米。塔身各层以砖叠涩出檐。塔身第七层不知何故修至一半而辍工，无塔顶，塔体实心。3号塔四角七级。塔身各层以砖叠涩出檐，檐角稍作起翘，檐中部略下凹，与志丹九塔湾3号塔出檐相似。塔顶以砖叠涩收分，以砌砖为塔刹。塔体通高6.4米。八卦寺塔建筑年代不详，似为宋金时期建筑物。

1985年，人民政府曾拨款维修加固了八卦寺3座塔塔基及底层。

24.2 维修大事记

序号	时间	内容
1	1985年	加固了八卦寺3座塔塔基及底层塔身

24.3 图像资料

■ **历史图像**

1. 李魁元. 华夏古塔集锦[M]. 陕西：陕西旅游出版社，2001：120.（图2.2.86）

■ **现状照片**（图2.2.87）

图2.2.86 《华夏古塔集锦》所载延安富县八卦寺塔林照片

图2.2.87 延安富县八卦寺塔林

25. 渭南蒲城海源寺塔

25.1 文献

■ **历史文献**

1. [清] 刘于义. 雍正敕修陕西通志 [M]. 钦定四库全书本. 一百卷.

卷二十九.

海源寺。在县东南五十里温汤，唐贞观二年建，又有塔一座（《县志》）。

2. [清] 穆彰阿，潘锡恩等. 嘉庆重修一统志 [M]. 四部丛刊本. 五百六十卷.

卷二百四十四.

海源寺。在蒲城县东南五十里，《县志》：唐贞观二年建，有塔。

3. [清] 张心境. 乾隆蒲城县志 [M]. （中国地方志集成·陕西府县志辑·第二十六册）. 据清乾隆四十七年刻本影印. 十五卷. 南京：凤凰出版社，2007：113-269.

卷二. 126 页.

海源寺。在县东南五十里温汤，有塔。

4. [清]. 李体仁. 光绪蒲城县新志 [M]. （中国地方志集成·陕西府县志辑·第二十六册）. 据清光绪三十一年刻本影印. 十三卷. 南京：凤凰出版社，2007：271-423.

卷五. 316 页.

海源寺。洞仙观。俱在县东五十里。

■ **研究资料**

1. 赵克礼. 陕西古塔研究 [M]. 北京：科学出版社，2007：240-241.

蒲城县重点文物保护单位。六边 9 层（残存 8 层）密檐楼阁式空心砖塔。又称温汤宝塔。残高 30 余米，底边长 2.8 米。塔身底层素面无装饰，南面辟券门，门宽 0.94 米，高 1.95 米，一层塔壁厚度 1.63 米。二层以上每面均作仿木结构三间，以砖隐出倚柱、阑额、平座栏杆，各层当心间辟券门或假券门、板门，逐层上下位置交错。层间叠涩出檐，檐头出双排椽头、瓦垄。檐下施"连出双杪"，补间铺作一朵，为双杪五铺作式，第一杪的泥道栱以向上卷曲的树叶形浮雕所代替。这种斗栱上装饰花叶的做法，还见于户县宝林寺塔。塔砖规格：35 厘米 × 7.5 厘米 × 5.5 厘米。

"民国时期，塔基被人破坏。杨虎城将军于 20 世纪 30 年代视察洛惠渠工程时，下令并捐资予以修复加固"。有资料称"塔始建于金代初叶"，但《蒲城县志》（清乾隆本）中只记载："海源寺，在县东南五十里温汤，有塔"，并未准确说明该塔建筑年代。新修《蒲城县志》亦认为"相传建于金代，具体年代不详"。据《蒲城县志》（清乾隆本）记载，金时，蒲城境内云际寺、寿生寺、垂庆院等均有皇帝赐额，但却没有提到海源寺。实地考察发现，该塔具有陕西现存宋代古塔的显著特征。

2. 国家文物局. 中国文物地图集. 陕西分册（下册）[M]. 西安：西安地图出版社，1998：530.

101-C。海源寺塔 [永丰镇温汤村西南 10 米·金代·县文物保护单位] 六角九级密檐式砖塔。又称温汤宝塔。寺已废。塔始建于金代初叶。残高 30 余米，底边长 2.8 米。塔身底层特高，南面辟券门。二层以上每面均作仿木结构三间，以砖隐出倚柱、阑额、平坐勾栏；各层当心间辟券门或假券门、板门，逐层上下位置交错。层间叠涩檐出双排椽头，施"五铺作双杪偷心造"，当心间补间铺作一朵，第九层已残毁。有塔碑一通。

25.2 维修大事记

序号	时间	内容
1	民国期间	杨虎城将军视察洛惠渠工程时，曾维修塔基

25.3 图像资料

■ 历史图像

1. [清] 张心境. 乾隆蒲城县志 [M].（中国地方志集成·陕西府县志辑·第二十六册）. 据清乾隆四十七年刻本影印. 十五卷. 南京：凤凰出版社，2007.
卷一.118页.（图2.2.88）
2. 李魁元. 华夏古塔集锦 [M]. 西安：陕西旅游出版社，2001：107.（图2.2.89）
3. 原廷宏，冯希杰. 一五五六年华县特大地震 [M]. 北京：地震出版社，2010：278.（图2.2.90）

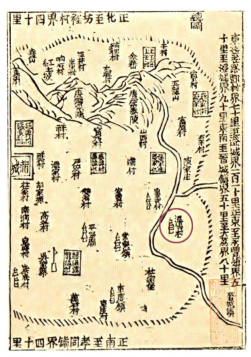

图 2.2.88　清《乾隆蒲城县志》——蒲城海源寺塔

图 2.2.89　《华夏古塔集锦》所载渭南蒲城海源寺塔照片

■ **现状照片**（图 2.2.91）

图 2.2.90 《一五五六年华县特大地震》所载渭南蒲城海源寺塔照片

图 2.2.91 渭南蒲城海源寺塔

26. 渭南蒲城常乐宝塔

26.1 文献

■ 研究资料

1. 赵克礼. 陕西古塔研究 [M]. 北京：科学出版社，2007：241-242.

蒲城县重点文物保护单位。六边 13 层（残存 12 层）密檐式空心砖塔。通高 37 米，底边长 4 米。塔身底层南面辟券门，门宽 0.93 米，高 2.6 米，一层塔壁厚 2.36 米。二层以上每面均作仿木结构三间，以砖隐出倚柱、阑额、平坐栏杆；各层当心间辟券门或假券门、方窗，逐层上下位置交错（八层以上无门），次间砌作卧棂窗。层间叠涩出檐饰双排椽头，"五铺作双杪偷心造"，补间饰双杪偷心造斗栱一朵。塔砖规格：37 厘米 ×14.5 厘米 ×5.5 厘米。

1949 年以前，塔基损坏剥落严重，1978 年县革委会拨款修复加固。

关于该塔的建筑年代，有"金"、"宋代建砖塔"等不同记述。《蒲城县志》认为"相传建于金代，具体年代不详"。这说明，建于金代之说尚无可信材料支撑。该塔具有宋代古塔特征。

海源寺塔与常乐宝塔相传建于金代，但均无确切建筑年代，同时又极具宋塔风格。张驭寰先生认为，受战争和经济发展的影响，金代的佛塔最主要的形式有：仿唐式、仿辽式、金刚宝座式、经幢式等四种。在已知的金代古塔中，尚未有与宋塔同风格者。故此，上述两塔应为宋代古塔。

2. 国家文物局. 中国文物地图集. 陕西分册（下册）[M]. 西安：西安地图出版社，1998.530.

102-C. 常乐宝塔 [平路庙乡常乐村西 150 米·金代·县文物保护单位] 六角 13 级密檐式砖塔：通高 37 米，底边长 4 米。塔身底层特高，南面辟券门。二层以上每面均作仿木结构三间，以砖隐出倚柱、阑额、平坐钩栏；各层当心间辟券门或假券门、方窗，逐层上下位置交错（八层以上无门），次间砌作卧棂窗。层间叠涩檐出双排椽头，施"五铺作双杪偷心造"，补间铺作一朵。塔顶已毁。

26.2 测绘图

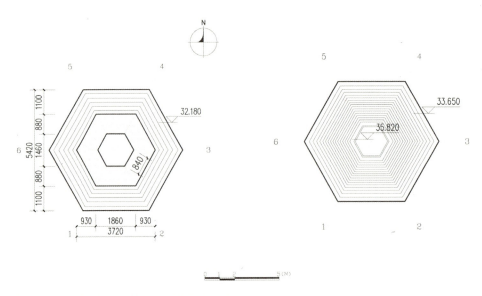

图 2.2.94　渭南蒲城常乐宝塔第十三层及塔刹平面图

第二部分 宋(金)元古塔(960～1368年) | 177

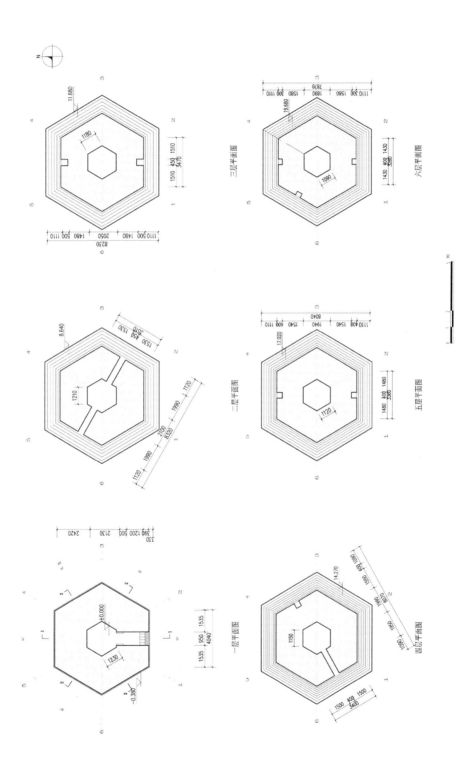

图 2.2.92 渭南蒲城常乐宝塔第一～六层平面图

178 | 宋（金）元时期

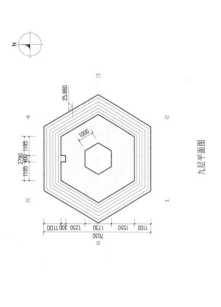
八层平面图

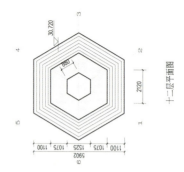
九层平面图

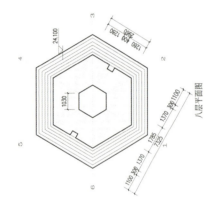
七层平面图

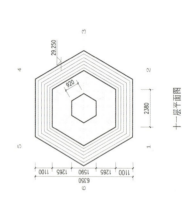
十层平面图

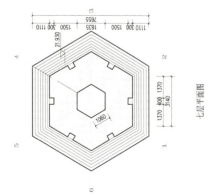
十一层平面图

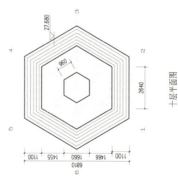
十二层平面图

图 2.2.93 渭南蒲城常乐宝塔第七～十二层平面图

第二部分 宋（金）元古塔（960～1368年） | 179

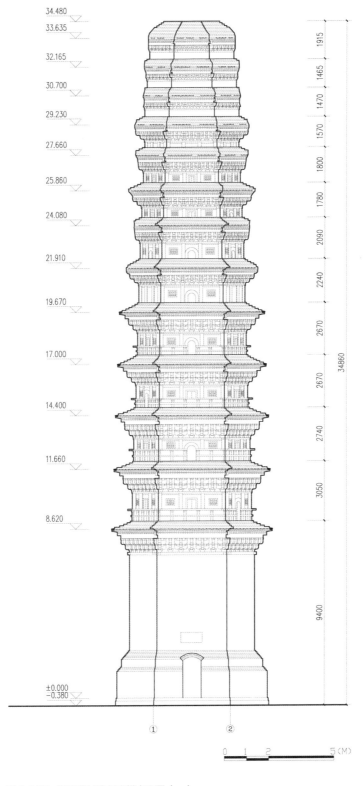

图 2.2.95 渭南蒲城常乐宝塔立面图（一）

180 | 宋（金）元时期

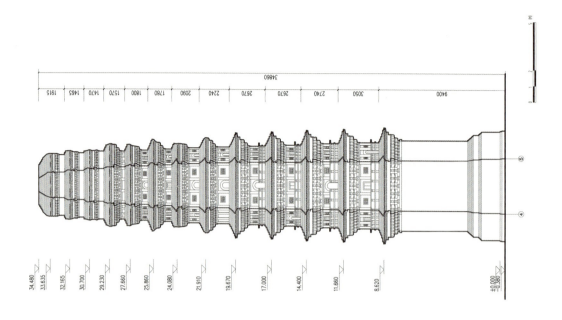

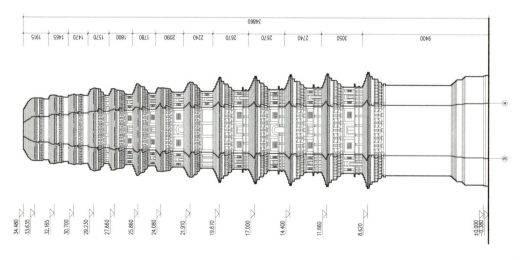

图 2.2.96 渭南蒲城常乐宝塔立面图（二）

第二部分 宋（金）元古塔（960～1368年） | 181

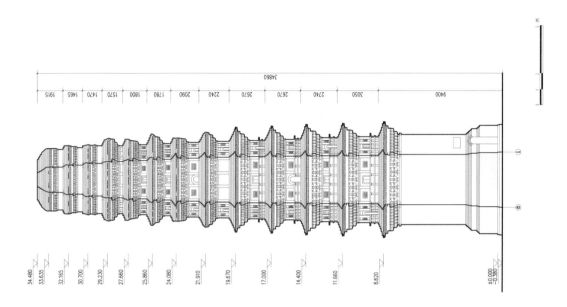

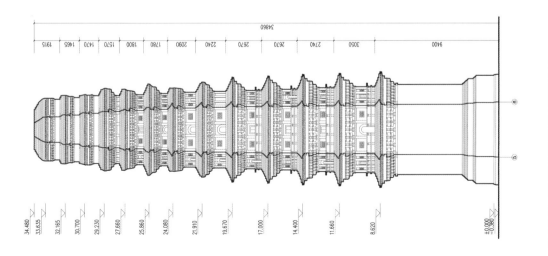

图2.2.97 渭南蒲城常乐宝塔立面图（三）

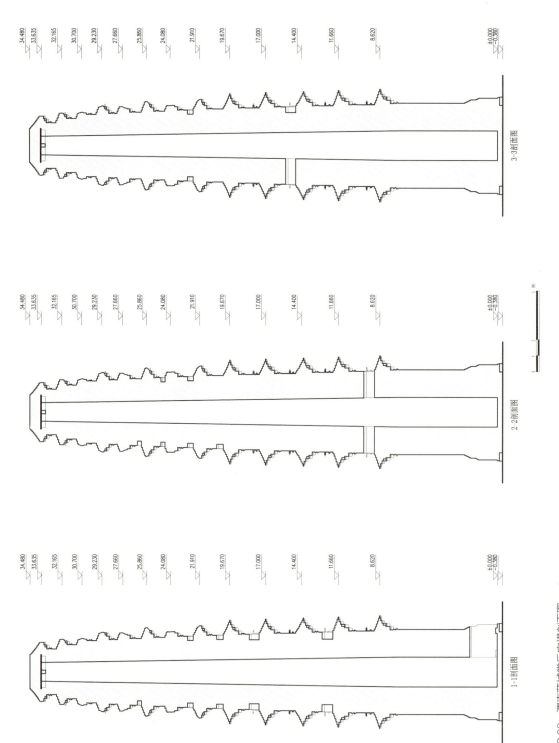

图 2.2.98 渭南蒲城常乐宝塔剖面图

26.3 维修大事记

序号	时间	内容
1	1987 年	修复加固塔基

26.4 图像资料

■ 历史图像

1. [清]张心境.乾隆蒲城县志[M].（中国地方志集成·陕西府县志辑·第二十六册）.据清乾隆四十七年刻本影印.十五卷.南京：凤凰出版社，2007.
卷一.118页.（图 2.2.99）
2. 李魁元.华夏古塔集锦[M].西安：陕西旅游出版社，2001：104.（图 2.2.100）
3. 原廷宏，冯希杰.一五五六年华县特大地震[M].北京：地震出版社，2010：278.（图 2.2.101）

■ 现状照片（图 2.2.102）

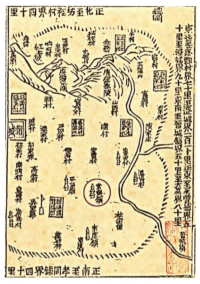

图 2.2.99　渭南蒲城常乐宝塔在清乾隆年间蒲城县中的位置图

图 2.2.100　《华夏古塔集锦》所载渭南蒲城常乐宝塔照片

图 2.2.101　《一五五六年华县特大地震》所载渭南蒲城常乐宝塔照片

图 2.2.102　渭南蒲城常乐宝塔

27. 渭南韩城赳赳寨塔

27.1 文献

■ 历史文献

1. [清] 穆彰阿，潘锡恩等.嘉庆重修一统志 [M].四部丛刊本.五百六十卷.

卷二百四十四.

圆觉寺。在韩城县北门外，唐建。高爽宏丽，为一邑胜概。本朝顺治中重修。

2. [清] 傅应奎.乾隆韩城县志 [M].（中国地方志集成·陕西府县志辑·第二十七册）.据清乾隆四十九年刻本影印.十六卷首一卷.南京：凤凰出版社，2007：1-212.

卷二.27页.

圆觉寺。北门外，唐建。高爽宏丽，为一邑胜概。宋咸平元年重修，王钦若书额。本朝顺治中起高楼及东西庑并弥勒洞。

卷二.30页.

赳赳寨塔。在圆觉寺北，造于金大定十三年癸巳五月五日，因地震崩缺。康熙四十一年知县康行侗重建。

3. [民国] 赵本荫.民国韩城县续志 [M].（中国地方志集成·陕西府县志辑·第二十七册）.据民国十四年韩城县德兴石印馆石印本影印.四卷.南京：凤凰出版社，2007：243-338.

卷三.298页.

谭法塔。在圆觉寺，俗名赳赳寨塔。近于塔下摹素一砖，得"谭法"之名。

■ 研究资料

1. 宋久成.千年古县概览 [M].上海：社会科学文献出版社，2013：544.

谭法塔因建于金城北端赳赳寨西而俗称"赳赳寨塔"。始建于金大定十三年（1173年），为八面六级楼阁式空心砖塔，攒尖顶。塔高28米，边长3.17米，二层以上开券窗。因其底座较高，为7.2米，看似7层，故称"七级浮屠"。从塔基镶嵌的"时大金大定十三年岁次癸巳五月五日修建宝塔都会……"等碑石文字推算，此塔已有830多年的历史。

谭法塔建于新老城区交界之土原上，登塔南望，金城及20里川尽收眼底；北眺，新城区一览无余，1957年曾被列为陕西省重点文物保护单位。

2. 赵克礼.陕西古塔研究 [M].北京：科学出版社，2007：229-231.

八边六层楼阁式空心砖塔。原名"谭法塔"，又称"赳赳寨塔"。寺早年已废。塔始建于金大定十三年（1173年），明嘉靖三十四年十二月（1556年1月）华州地震毁坏，清康熙四十一年（1702年）县令康行侗捐俸重建。塔下为方形塔座，底径7.36米。整塔通高23.36米，底层南面辟门，以上各层均辟券窗，二、三、四、五层各4孔，隔层变换方位，第六层5孔。层间平砖叠涩出檐，檐下施斗栱及菱角牙子。八角攒尖顶，置宝瓶式塔刹。塔基东墙嵌金大定十三年"修建宝塔"碣2方。一方碑文为："悟空子法浩告上者去履不依损自福大定十三年癸巳记之"等24字。另一方碑文为："时大金大定十三年岁次癸巳五月五日修建宝塔都会……"。另有金承安四年（1199年）款铁钟一口，通高2.41米，兽钮，现置钟亭内。依据铁钟铭文，圆觉寺塔为"圆觉禅院悟空禅师圆寂后，受业僧都会为其禅师修建的塔"。

但是，金代所建古塔已在明代完全倒塌，现塔为清代重修，且具有韩城境内清代砖塔典型特征，因此，该塔应定为"清塔"。正因为如此，该塔在1957年被公布为陕西省第二批重点保护文物后，1992年又被取消"省保"资格。

3. 解长峰. 陕西名胜概览 [M]. 西安：三秦出版社，2007：489.

在韩城市区城北门外赳赳寨上。赳赳寨金塔建于金世宗完颜雍大定十三年（南宋孝宗赵眘乾道九年，1173年），清代重建，为八角形砖塔，高6层。

赳赳寨金塔为陕西省重点文物保护单位。

4. 薛引生, 中国人民政治协商会议韩城市委员会文史资料委员会. 韩城市文史资料汇编. 第二十一辑. 韩城古城 [G].2004：129-131.

谭法塔。位于古城北端之圆觉寺北（今烈士陵园），是一座佛塔。"谭"同"谈"，取谈论佛法之义。后来筑寨子，将其包在赳赳寨内，故俗称"赳赳寨塔"。

清康熙四十二年（1703年）韩城县令康行僩编纂《韩城县续志·都鄙详记》载："赳赳寨塔，在圆觉寺北，造于金大定十三年（1173年）癸巳五月五日，因地震崩缺，康熙四十一年（1702年）壬午五月五日，县令安邑康行僩捐俸并募化重建。"可见始建至今已有830余年。

塔为八面六级楼阁式空心砖塔，通高28米，塔基为正方体，边长8米，高7.2米，东西两侧有台阶，循阶而上，可至塔下。塔身每边长3.17米，各层均有窗，共24个。塔一层有门，进门，有木楼梯，攀梯而上，可达塔最上层。

塔基东墙嵌石碑两通，南为横碑，碑文为："悟空子法浩告上者去履不依捐自福大定十三年癸巳之"。北为竖碑，碑文为"时大金大定十三年次癸巳五月五日修建宝塔都会……"（以下字迹模糊难辨）。

登塔南望，不仅古城城池尽收眼底，而且二十里川的景色亦一览无余；北眺，新城高楼星罗棋布，车辆往来穿梭，现代化都市景观与保存完好的古城风貌体现出这座历史文化名城独特的风景线。

1961年，韩城县政府曾拨款，对塔基及塔进行了修缮。1957年8月13日，陕西省人民委员会曾将此塔列为陕西省第二批重点文物保护单位。

5. 韩城市志编纂委员会. 韩城市志 [M]. 西安：三秦出版社，1991（第1版）：822.

赳赳寨塔，位于韩城金城北面烈士陵园的北端。原名潭法塔，距赳赳寨村约100米。建于金大定十三年（1173），后因地震崩塌，清康熙四十一年（1702），县令康行僩捐俸并募化重建。

塔为八角形砖砌空心塔，共6层，攒尖顶，通高约23.36米，底部为正方形。门面南，东、西两侧有踏道。东、西、北3面均有望窗，二、三、四、五层各4个，第六层5个，南有3个。塔的外部，层与层之间有叠涩砖牙。整个建筑完好。

在塔座东墙上，有石碑二通。一通系青石碑，碑文为"悟空子法浩上者履不依损自福金大定十三年癸巳记之"。另一通为沙石碑，碑文为："大金大定十三年岁次□□□□修建宝塔都□□□□"（文中"□"示字迹无法辨认）。

1957年5月列为陕西省级重点文物保护单位，由烈士陵园负责保护。

27.2 维修大事记

序号	时间	内容
1	宋咸平元年（998年）	重修
2	清康熙四十一年（1702年）	重修

27.3 附属文物一览表

序号	名称	位置	相关说明	数量
1	石碑	嵌于塔基东侧	南边横碑铭文："悟空子法浩告上者去履不依损自福大定十三年癸巳记之"等24字；北边竖碑铭文："时大金大定十三年岁次癸巳五月五日修建宝塔都会……"。为圆觉禅院悟空禅师圆寂后，受业僧都会为其禅师修建的塔	两通

27.4 图像资料

■ 历史图像

1.[清]傅应奎.乾隆韩城县志[M].（中国地方志集成·陕西府县志辑·第二十七册）.据清乾隆四十九年刻本影印.十六卷首一卷.南京：凤凰出版社，2007.
卷一.6页.（图2.2.103）
2.李魁元.华夏古塔集锦[M].西安：陕西旅游出版社，2001：104.（图2.2.104）
3.原廷宏，冯希杰.一五五六年华县特大地震[M].北京：地震出版社，2010：281.（图2.2.105）

■ 现状照片（图2.2.106）

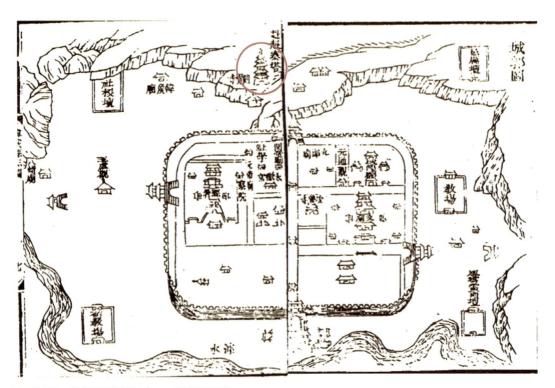

图2.2.103　清《乾隆韩城县志》——韩城赳赳寨塔

第二部分 宋(金)元古塔(960~1368年) | 187

图 2.2.104 《华夏古塔集锦》所载渭南韩城赳赳寨塔照片

图 2.2.105 《一五五六年华县特大地震》所载渭南韩城赳赳寨塔照片

图 2.2.106 渭南韩城赳赳寨塔

28. 榆林横山鸿门寺塔

28.1 文献

■ **历史文献**

1. [清] 刘于义. 雍正敕修陕西通志 [M]. 钦定四库全书本. 一百卷.

卷十六.

威武堡，在怀远西四十里，南至安塞县三百里，北至大边四里，西至清平堡四十里。汉白土县地，后为响铃塔(《延绥镇志》)。成化二年，尚书王复请以大兔鹘堡移出响铃塔，撤大兔鹘堡军守之(《明世法录》)。城在山阜，周二里八十步，南北门二，楼铺十四座，系极冲上地。万历六年增修，高三丈五尺，砖砌牌墙垛口，边墙长三十四里，三百二十一步，墩台二十六座。南面平衍，北有沟通滉忽都河。东西山壕近城，平漫负沟微险，有分防把总(《延安府志》)。

2. [清] 苏其焰原本. 何丙勋增补. 道光增修怀远县志 [M]. (中国地方志集成·陕西府县志辑·第三十六册). 据民国十七年横山县志局石印本影印. 四卷. 南京：凤凰出版社，2007: 417-726.

卷一. 500页.

红门寺。在威武堡南二里许，有响铃塔，元泰定间建，时有白鹤巢其上。

3. [民国] 刘济南，张斗山. 横山县志 [M]. 据民国十八年石印本影印. 四卷. 南京：凤凰出版社，2007: 125-562. (中国地方志集成·陕西府县志辑·第三十九册).

卷一. 177页.

鸿门寺城。在响水堡寺子沟东石磊磊山上，有古塔，明万历时建。

卷二. 250页.

红门寺。在威武堡南二里许，元泰定间建。

■ **研究资料**

1. 刘合心，雒长安. 古代建筑壁画艺术 [M]. 西安：世界图书出版西安公司，2008: 24.

响铃塔位于横山县城西南26公里处的塔湾乡芦河红砂石岩畔上，据《陕西延绥镇志》载，此塔始建于元泰定年间(1324～1328年)，与塔下的鸿门寺石窟为同一时代。

响铃塔为密檐式砖石结构，平面呈八角形，共11层，通高27米。塔身西南辟一圭形塔门，塔身逐层收缩，形如圆锥。塔室为圆形厚壁空心式，塔内壁现存两层壁画，外层为礼佛图，共有佛教人物25尊。外层剥落处又显露出第二层壁画。

色彩绚丽、惟妙惟肖、场面宏大的礼佛图彩绘壁画，是研究宗教艺术的珍贵实物资料。

2. 赵克礼. 陕西古塔研究 [M]. 北京：科学出版社，2007: 321-323.

陕西省重点文物保护单位(1992年公布)。八边11层密檐楼阁式空心古塔。又称红门寺塔，位于芦河东岸。今寺已废，遗存残石窟6孔，内有石雕观音菩萨像等。塔建于元代泰定年间(1324～1328年)。残高约27米，底周长24米。岩片砌筑塔基，二层以上为外砖内石结构。底层正南面有圭角形塔门，门高2米，宽1.34米，一层塔壁厚1.7米，内筑圆形穹顶塔室，因塔的一层残损严重，隐约可见二层各面施砖砌围栏、壁柱和转角圆柱；二层以上塔面素洁，层间以平砖四层加饰两侧菱角牙子叠涩出檐，檐角原系风铃已不存，塔顶已毁。塔室内壁绘有一周佛教人物故事壁画，二层檐部残留绿彩痕迹；响铃塔建于红色的砂岩之上，塔体每层收分较大，因此塔形如春笋，异常坚固。塔砖规格：32厘米×5.5厘米×19.5厘米。

据塔下红门寺石碑记载，该寺观音殿于"大明成化十九年（1483年）开光"、山关庙"嘉靖三十七年（1558年）修"。这些记载对于研究响铃塔的历史具有参考价值。

3. 罗哲文等.中国名塔[M].天津：百花文艺出版社，2006：129.
位于陕西榆林市东南山冈上，属于楼阁式塔。此塔建于明代。塔全部用砖砌筑，八角形，9层，高40米。此塔塔壁坚厚，门窗既可瞭望，又可作射击敌人之用。

4. 陕西省文物局.陕西文物古迹大观：陕西省省级文物保护单位巡礼[M].西安：三秦出版社，2006：548.
响铃塔位于横山县塔湾乡西南约一华里的红门寺之顶红砂岩上。北为芦河，东南靠榆定公路。始建于元代泰定年间（1324～1328年）。据《横山县县志·文化文物志》记载："建塔时上有风铃，风吹铃响，声传很远，故名响铃塔。"

该塔为密檐式砖石结构，平面呈八角形，共11层，总高27米。每层都施叠涩牙子出檐，每角都砌成三角中空挑檐，中插砖木雕兽首出挑，悬挂风铃。塔基把岩石凿平后直接起塔，底层周长21.6米。第一层较高2.52米，向西南辟一圭形门洞，门下宽1.4米，上宽1.28米，高1.9米。再上塔身逐层收缩变细，形如尖锥，檐与檐间距离缩短，形成优美的卷杀曲线。第二层高1米，八角及八面均有两组对称的两层磨为半圆形砖，作为装饰性的仿木构台柱。第四层至第十层，每层八面均有两个对称的10～15厘米见方的孔洞，这些塔身上有规律性的孔洞痕迹，可能是当时建塔脚手架插入的孔洞。

塔室为圆形厚壁空心式，顶有彩绘，顶与内壁交接处为逐层收缩的二层叠涩牙子，呈倒垂莲花形。塔内壁有两层壁画，都先用白灰抹墙，后又彩绘。第一层（外层）周壁布满壁画，主像为一佛二弟子，其他为佛造像，共计25尊，似为明、清时所作。外层壁画剥落处，又显露出第二层（内层）壁画，用褐、绿等色绘制的人物等图案，内容不明。站塔内向上仰望，可看出塔身内有五层距离不等每层都为两根的柏木檩，呈"井"字形砌筑于砖层之内，起着筋骨作用。这种方法继承了宋、辽、金塔的砌筑方法，不但加固了塔身，而且有效地提高了塔的抗震能力。从塔内外所用绿彩看，二者似为同一时代。塔内周壁壁画系明代所绘。

由于年久失修，响铃塔稍向西南侧倾斜。塔下有一红门寺石窟，创建于同一时代。现存七窟，内有石胎泥塑像数尊，身连石壁，风吹雨蚀，破坏严重。

1992年4月20日陕西省人民政府公布其为第三批省级重点文物保护单位。其重点保护区为响铃塔。一般保护区为：东至榆定公路西，西到芦河岸，南至岩脚下水井，北至学校操场。建设控制地带为：一般保护区外延100米。

5. 国家文物局.中国文物地图集.陕西分册（下册）[M].西安：西安地图出版社，1998：716.
164-C。响铃塔　[塔湾乡塔湾村西500米·元·省文物保护单位]八角11层楼阁式古塔。又称红门寺塔，位于芦河东岸。今寺已颓，遗存残石窟6孔，有石雕观音菩萨像等。塔建于泰定年间。残高约27米，周长24米。岩片砌筑塔基。底层较高，正南辟圭形塔门，内筑圆形穹顶塔室；二层各面施砖砌阑额、壁柱和转角柱。层间叠涩出檐，下砌菱角牙子，檐角原系风铃已不存。塔身二层以上为外砖内石结构。塔顶已毁。塔室内壁绘一周佛教人物故事壁画，二层檐部残留绿彩痕迹。塔体坚固，工艺精湛。

28.2 附属文物一览表

序号	名称	位置	相关说明
1	鸿门寺石窟一号窟	响铃塔下断崖上	平面呈正方形,面阔5.23、进深5.23、高2.74米,窟内有等距离四根方形中柱,柱径30~37厘米。窟檐残,窟内顶部藻井残,无造像
2	鸿门寺石窟二号窟		平面呈长方形,面阔3.26、进深2.7、高2.54米,门高1.76米、宽0.77米。门左侧依壁凿一圆首龟座石碑,通高2.03、宽0.69米,题"灵感观音殿",大明成化十九年。窟内无造像
3	鸿门寺石窟三号窟		平面呈正方形,面阔1.65、进深1.65、高1.9米,门高1.9、宽0.85米。下石凿成神台,窟内无造像
4	鸿门寺石窟四号窟		平面呈长方形,面阔4.3、进深3.7、高2.35米。门毁,内有造像四身,风化剥蚀严重
5	鸿门寺石窟五号窟		平面呈长方形,面阔3.53、进深2.77、高2.4米。门毁,内有造像三身,风化剥蚀严重
6	鸿门寺石窟六号窟		平面呈正方形,面阔3.45、进深3.45、高2.5米。窟内有石供台,浮雕马、花卉,门毁,内有涅槃像及十大弟子,风化剥蚀严重
7	鸿门寺石窟七号窟		较小,窟内无造像

28.3 图像资料

■ **现状照片**(图2.2.107、图2.2.108)

图 2.2.108　榆林横山鸿门寺塔第一层塔室内壁画现状照片

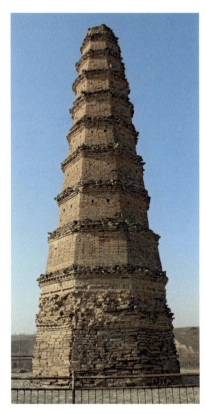

图 2.2.107　榆林横山鸿门寺塔

参考文献

专著

[1] [宋]宋敏求.[元]李好文.长安志·长安志图[M].辛德勇,郎洁.点校.西安:三秦出版社,2013.

[2] [宋]李诫.营造法式[M].王海燕.注译.武汉:华中科技大学出版社,2013.

[3] [清]刘于义.陕西通志[M].钦定四库全书本.一百卷.

[4] [清]顾耿臣.鄜州志[M].据康熙五年刻本影印.八卷.北京:中国书店出版社,2002.

[5] [清]林逢泰.三水县志[M].康熙十六年刻本.四卷.国家数字图书馆提供.http://mylib.nlc.gov.cn/web/guest/search/shuzifangzhi/medaDataObjectDisplay?metaData.id=812957&metaData.lld=817438&IdLib=40283415347ed8bd0134833ed5d60004.

[6] [明]姚本.邠州志[M].[清]苏东柱.补修.(陕西图书馆藏稀见方志丛刊·第五册).康熙刻本.四卷.北京:北京图书馆出版社,2006:1-416.

[7] [清]胡升猷.光绪岐山县志[M].(中国地方志集成·陕西府县志辑·第三十三册).据光绪十年刻本影印.八卷.南京:凤凰出版社,2007:1-144.

[8] [清]毕沅.关中胜迹图志[M].张沛.校点.西安:三秦出版社,2004.

[9] [明]李廷宝.嘉靖耀州志[M].(中国地方志集成·陕西府县志辑·第二十七册).据乾隆二十七年汪灏刻本影印.八卷.附一卷.南京:凤凰出版社,2007:339-421.

[10] [清]席奉乾.合阳县全志[M].(中国方志丛书·华北地方·第二四四号).据乾隆三十四年刊本影印.四卷.台北:成文出版社,1970.

[11] [清]和珅.大清一统志[M].钦定四库全书本.五百卷.

[12] [清]张心镜.乾隆蒲城县志[M].(中国地方志集成·陕西府县志辑·第二十六册).据乾隆四十七年刻本影印.十五卷.南京:凤凰出版社,2007:113-269.

[13] [清]傅应奎.乾隆韩城县志[M].(中国地方志集成·陕西府县志辑·第二十七册).据乾隆四十九年刻本影印.十六卷.首一卷.南京:凤凰出版社,2007:1-212.

[14] [民国]赵本荫.民国韩城县续志[M].(中国地方志集成·陕西府县志辑·第二十七册).据民国十四年韩城县德兴石印馆石印本影印.四卷.南京:凤凰出版社,2007:243-338.

[15] [清]何树滋.山阳县志[M].嘉庆元年刻本.十二卷.

[16] [清]苏其炤.道光增修怀远县志[M].(中国地方志集成·陕西府县志辑·第三十六册).据民国十七年衡山县志局石印本影印.四卷.南京:凤凰出版社,2007:417-726.

[17] [民国]郭凤洲,柴守愚.民国续修南郑县志[M].(中国地方志集成·陕西府县志辑·第五十一册).据民国十年刻本影印.七卷.首一卷.南京:凤凰出版社,2007:145-370.

[18] 罗哲文.中国名塔[M].天津:百花文艺出版社,2006.

[19] 蒲城县志编纂委员会.蒲城县志[M].北京:中国人事出版社,1993.

[20] 山阳县地方志编纂委员会.山阳县志[M].西安:陕西人民出版社,1991.

附录

第一～七批全国重点文物保护单位名单中的陕西古塔

附表一

序号	分类号	名称	时代	地点	备注
1	G1-63-唐-西安-大雁塔	大雁塔	唐	西安市雁塔区	大慈恩寺塔
2	G1-64-唐-西安-小雁塔	小雁塔	唐	西安市碑林区	荐福寺塔
3	G1-67-唐-西安-兴教寺塔	兴教寺塔	唐	西安市长安区	玄奘墓塔
4	G4-80-隋-西安-仙游寺法王塔	仙游寺法王塔	隋	西安市周至县	
5	G4-10-宋-延安-岭山寺塔	岭山寺塔	宋	延安市宝塔区	又称延安宝塔
6	G5-414-唐-西安-鸠摩罗什舍利塔	鸠摩罗什舍利塔	唐	西安市户县	又称八宝玉石塔
7	G5-417-北宋-咸阳-泰塔	泰塔	宋	咸阳市旬邑县	又称旬邑宝塔
8	G5-418-唐-西安-香积寺善导塔	香积寺善导塔	唐	西安市长安区	
9	G5-421-唐-西安-八云塔	八云塔	唐	西安市周至县	又称瑞光寺塔
10	G5-422-明-咸阳-泾阳崇文塔	泾阳崇文塔	明	咸阳市泾阳县	又称铁佛寺塔
11	G5-423-宋-咸阳-彬县开元寺塔	彬县开元寺塔	宋	咸阳市彬县	又称雷峰塔 俗称彬塔
12	G5-427-清-渭南-韩城党家村文星阁	韩城党家村文星阁	清	渭南市韩城	2001年归入"党家村古建筑群"列为第五批国保
13	G6-769-宋-渭南-精进寺塔	精进寺塔	宋	渭南市澄城县	
14	G6-770-唐-西安-长安圣寿寺塔	长安圣寿寺塔	唐	西安市长安区	又称应身大士舍利塔
15	G6-771-唐-西安-长安华严寺塔	长安华严寺塔	唐	西安市长安区	
16	G6-772-唐-渭南-百良寿圣寺塔	百良寿圣寺塔	唐	渭南市合阳县	又称百良塔
17	G6-773-唐-西安-昭慧塔	昭慧塔	唐	西安市高陵县	又称三阳寺塔、高陵塔
18	G6-774-唐-汉中-开明寺塔	开明寺塔	唐	汉中市洋县	又称关寺塔
19	G6-775-宋-西安-大秦寺塔	大秦寺塔	宋	西安市周至县	原名镇仙宝塔
20	G6-776-宋-宝鸡-太平寺塔	太平寺塔	宋	宝鸡市岐山县	
21	G6-777-宋-咸阳-武陵寺塔	武陵寺塔	宋	咸阳市永寿县	
22	G6-778-宋-铜川-神德寺塔	神德寺塔	宋	铜川市耀州区	又称耀县塔
23	G6-789-明-渭南-庆安寺塔	庆安寺塔	明	渭南市临渭区	又称来化塔、镇风宝塔
24	G7-1411-唐-渭南-法源寺塔	法源寺塔	唐	渭南市富平县	

续表

序号	分类号	名称	时代	地点	备注
25	G7-1412-唐-渭南-慧彻寺南塔	慧彻寺南塔	唐	渭南市蒲城县	又称蒲城南塔
26	G7-1413-唐-宝鸡-净光寺塔	净光寺塔	唐	宝鸡市眉县	
27	G7-1414-唐-延安-开元寺塔	开元寺塔	唐	延安市富县	又称西山塔
28	G7-1415-唐-渭南-罗山寺塔	罗山寺塔	唐	渭南市合阳县	又称岱堡塔
29	G7-1416-唐-咸阳-清梵寺塔	清梵寺塔	唐	咸阳市兴平	又称兴平北塔、保宁寺塔
30	G7-1417-宋-咸阳-报本寺塔	报本寺塔	宋	咸阳市武功县	
31	G7-1418-宋-延安-柏山寺塔	柏山寺塔	宋	延安市富县	俗称直罗宝塔
32	G7-1419-宋-渭南-崇寿寺塔	崇寿寺塔	宋	渭南市蒲城县	又称北寺宋塔、蒲城北寺塔
33	G7-1420-宋-铜川-重兴寺塔	重兴寺塔	宋	铜川市印台区	
34	G7-1421-宋-渭南-大象寺塔	大象寺塔	宋	渭南市合阳县	
35	G7-1422-宋-延安-福严院塔	福严院塔	宋	延安市富县	俗称东村塔
36	G7-1423-宋-西安-敬德塔	敬德塔	宋	西安市户县	
37	G7-1424-宋-延安-万凤塔	万凤塔	宋	延安市洛川县	又称兴国寺塔、鄜城塔
38	G7-1425-宋-铜川-延昌寺塔	延昌寺塔	宋	铜川市耀州区	又称万佛寺塔
39	G7-1426-南宋-汉中-汉中东塔	汉中东塔	南宋	汉中市汉台区	又称净明寺塔
40	G7-1428-元-榆林-鸿门寺塔	鸿门寺塔	元	榆林市横山县	又称响铃塔
41	G7-1434-明-渭南-慧照寺塔	慧照寺塔	明	渭南市临渭区	
42	G7-1437-明-咸阳-北杜铁塔	北杜铁塔	明	咸阳市渭城区	又称千佛寺塔

第一～六批陕西省文物保护单位名单中的古塔　　　　　　　　　　　　　　　　附表二

序号	分类号	名称	时代	地点	备注
1	S2-246-明-西安-宝庆寺塔	宝庆寺塔	明	西安市碑林区	
2	S2-267-明-咸阳-中王堡木塔	中王堡木塔	明	咸阳市三原县	又称文峰木塔
3	S3-272-宋-咸阳-香积寺塔	香积寺塔	宋	咸阳市礼泉县	又称薄太后塔
4	S3-273-清-咸阳-金龟寺普通塔	金龟寺普通塔	清	咸阳市礼泉县	又称普通宝塔
5	S3-284-明-延安-琉璃塔	琉璃塔	明	延安市宝塔区	
6	S3-286-明-延安-普同塔	普同塔	明	延安市子长县	
7	S3-287-明-延安-盘龙寺石塔	盘龙寺石塔	明	延安市志丹县	
8	S3-288-宋～明-延安-砖塔群	砖塔群	宋～明	延安市志丹县	
9	S3-292-明-渭南-金龙寺塔	金龙寺塔	明	渭南市大荔县	
10	S4-319-唐-西安-二龙塔	二龙塔	唐	西安市长安区	
11	S4-335-唐-渭南-万斛寺塔	万斛寺塔	唐	渭南市富平县	
12	S4-339-金～明-延安-八卦寺塔林	八卦寺塔林	金～明	延安市富县	
13	S4-340-明-延安-龙泉寺塔林	龙泉寺塔林	明	延安市志丹县	
14	S4-350-清-安康-文峰塔	文峰塔	清	安康市汉阴县	与汉阴城墙共同列入第四批省保
15	S5-89-明-咸阳-寺背后塔	寺背后塔	明	咸阳市武功县	
16	S5-90-唐-咸阳-悟空禅师塔	悟空禅师塔	唐	咸阳市泾阳县	又称振锡寺塔
17	S5-106-金-渭南-海源寺塔	海源寺塔	金	渭南市蒲城县	又称温汤宝塔
18	S5-108-金-渭南-常乐宝塔	常乐宝塔	金	渭南市蒲城县	又称金陵寺塔
19	S5-123-宋-铜川-柏树塬塔	柏树塬塔	宋	铜川市耀州区	
20	S5-125-宋-铜川-兴元寺塔	兴元寺塔	宋	铜川市王益区	
21	S5-137-清-汉中-周子垭至宝塔	周子垭至宝塔	清	汉中市镇巴县	
22	S5-144-清-安康-三佛洞舍利塔	三佛洞舍利塔	清	安康市平利县	
23	S5-150-明-安康-古鉴大士灵塔	古鉴大士灵塔	明	安康市岚皋县	
24	S5-154-明-商洛-东龙山双塔	东龙山双塔	明	商洛市商州区	
25	S5-164-清-延安-洛川土塔群	洛川土塔群	清	延安市洛川县	

续表

序号	分类号	名称	时代	地点	备注
26	S5-177-明-榆林-凌霄塔	凌霄塔	明	榆林市榆阳区	又称文笔塔
27	S6-90-明-西安-万寿寺塔	万寿寺塔	明	西安市新城区	
28	S6-91-明-西安-天池寺塔	天池寺塔	明	西安市长安区	
29	S6-95-金-渭南-赳赳寨塔	赳赳寨塔	金	渭南市韩城	圆觉寺塔，又称潭法塔
30	S6-104-清-渭南-圣佛寺塔	圣佛寺塔	清	渭南市富平县	
31	S6-105-明-渭南-合阳千金塔	合阳千金塔	明	渭南市合阳县	
32	S6-111-清-宝鸡-漳峰塔	漳峰塔	清	宝鸡市扶风县	
33	S6-117-宋-商洛-丰阳塔	丰阳塔	宋	商洛市山阳县	
34	S6-139-明-安康-羊山东宝塔	羊山东宝塔	明	安康市旬阳县	
35	S6-143-清-安康-紫阳报恩寺塔	紫阳报恩寺塔	清	安康市紫阳县	
36	S6-149-清-汉中-略阳南山塔	略阳南山塔	清	汉中市略阳县	
37	S6-150-明-汉中-勉县万寿塔	勉县万寿塔	明	汉中市勉县	

陕西省市（县）级保护单位和未列入保护单位名单的塔　　　附表三

序号	名称	地点	备注
1	憨月圆禅师塔	西安市雁塔区	属于大慈恩寺塔林
2	粲然和尚塔	西安市雁塔区	属于大慈恩寺塔林
3	治宽和尚寿塔	西安市雁塔区	属于大慈恩寺塔林
4	清悟和尚灵骨塔	西安市雁塔区	属于大慈恩寺塔林
5	觉科和尚寿塔	西安市雁塔区	属于大慈恩寺塔林
6	纯宫和尚灵骨塔	西安市雁塔区	属于大慈恩寺塔林
7	大兴善寺普同塔	西安市雁塔区	
8	敦煌寺塔	西安市未央区	
9	玉皇坪僧人舍利塔	西安市长安区	
10	印光大师影堂石塔	西安市长安区	
11	香积寺敬业塔	西安市长安区	
12	基师塔	西安市长安区	位于兴教寺内又称窥基塔
13	测师塔	西安市长安区	位于兴教寺内
14	净业寺明清舍利塔林	西安市长安区	共7座，其中2座为喇嘛式舍利塔
15	道宣律师灵塔	西安市长安区	始建于唐代
16	嘉午台舍利塔	西安市长安区	
17	沣德寺舍利塔林	西安市长安区	
18	清华山舍利塔	西安市长安区	
19	上悟真寺明清喇嘛塔林（共5座）	西安市蓝田县	上悟真寺方塔1
		西安市蓝田县	上悟真寺方塔2
		西安市蓝田县	上悟真寺悟安禅师塔
		西安市蓝田县	上悟真寺清代舍利塔
		西安市蓝田县	上悟真寺清代五轮塔
20	湛文和尚舍利塔	西安市户县	
21	昆山律师衣钵塔	西安市周至县	
22	七泉寺舍利塔	咸阳市永寿县	

续表

序号	名称	地点	备注
23	香严寺普通宝塔	咸阳市乾县	又称樊村塔
24	兴化寺心公和尚灵塔	咸阳市乾县	又称中曲寺塔
25	龙门洞铁塔	宝鸡市陇县	又称望峰塔
26	法门寺塔	宝鸡市扶风县	法门寺及塔遗址为 2006 年国保第六批
27	清风寺清代舍利塔群	宝鸡市太白县	
28	天台寺舍利塔	宝鸡市凤县	
29	慧公大和尚塔	宝鸡市凤县	
30	王道士塔	宝鸡市凤县	
31	□超老和尚塔	宝鸡市凤县	塔铭名称不详
32	南宗禅师舍利塔	宝鸡市凤翔县	
33	慧灯墓塔	宝鸡市千阳县	
34	昝村塔	渭南市韩城	
35	鸭儿坡塔	渭南市韩城	含 2 座
36	北赵村风水塔	渭南市韩城	
37	北高门村北塔	渭南市韩城	
38	北高门村文星塔	渭南市韩城	
39	西高门村风水塔	渭南市韩城	
40	堡安风水塔	渭南市韩城	
41	东王庄文星塔	渭南市韩城	
42	段堡塔	渭南市韩城	
43	西庄村风水塔	渭南市韩城	
44	王村风水塔	渭南市韩城	
45	敬母寺村奎星楼	渭南市蒲城县	
46	晋城村土塔	渭南市蒲城县	
47	尖角地母风水塔	渭南市蒲城县	
48	大孔土塔	渭南市蒲城县	
49	党南村土塔	渭南市蒲城县	

续表

序号	名称	地点	备注
50	晋城土塔	渭南市蒲城县	
51	南屈家塔	渭南市蒲城县	
52	飞泉寺舍利塔	渭南市白水县	含 2 座
53	中杜塔	渭南市澄城县	
54	秀峰塔	渭南市澄城县	
55	三门风水塔	渭南市澄城县	
56	韦家社塔	渭南市澄城县	
57	南伍中村风水塔	渭南市合阳县	
58	北伍中魁星塔	渭南市合阳县	
59	蕴空禅师塔	渭南市华县	
60	普乾法师墓塔	渭南市华县	
61	潜龙寺砖塔	渭南市华县	
62	坡坡山塔	渭南市华县	
63	峪口黑虎塔	渭南市华县	
64	东马北土塔	渭南市潼关县	
65	东马村南土塔	渭南市潼关县	
66	文殊新塔	渭南市大荔县	
67	香山寺清代舍利塔群	铜川市耀州区	2 座（天一禅师舍利塔、心贞舍利塔）
68	法海造像塔	铜川市耀州区	
69	药王山北魏造像石塔	铜川市耀州区	含 3 座塔
70	塔庙宝塔	汉中市汉台区	
71	华阳古塔	汉中市洋县	
72	普印和尚灵塔	汉中市洋县	
73	福仁山砖塔	汉中市洋县	
74	回龙寺塔（遗址）	汉中市洋县	
75	石塔河村庙坪梁石塔	汉中市洋县	
76	了贤和尚墓塔	汉中市佛坪县	又称石印沟僧人墓塔

续表

序号	名称	地点	备注
77	妙鉴老和尚墓塔	汉中市镇巴县	
78	柳树沟舍利墓塔	汉中市南郑县	塔顶残缺
79	康家坝舍利塔	汉中市南郑县	
80	红椿坝石塔	汉中市南郑县	
81	华严寺塔	汉中市南郑县	已坍塌
82	台盘寺北砖塔（遗址）	汉中市南郑县	现存塔基
83	台盘寺南砖塔（遗址）	汉中市南郑县	现存塔基
84	观音寺舍利墓塔	汉中市宁强县	
85	三道河舍利墓塔	汉中市宁强县	
86	唐家坪龙王阁石塔	汉中市宁强县	
87	观音庙舍利塔	汉中市宁强县	塔刹、塔顶无存
88	青龙寺石塔	汉中市略阳县	塔呈阶梯形，塔刹无存
89	朝阳洞石塔遗址	汉中市城固县	现存石塔残件9个
90	钟山塔	延安市子长县	
91	奠胜塔	安康市汉滨区	又称屈家沟舍利塔
92	兴贤塔	安康市汉滨区	
93	白云寺舍利塔群	安康市汉滨区	含4座（体清大和尚舍利塔、觉性大和尚舍利塔、月宪老和尚舍利塔、印全大和尚灵塔）
94	祖师庙舍利塔	安康市汉滨区	
95	马河天灯塔	安康市汉滨区	
96	屈家沟舍利墓塔	安康市汉滨区	
97	王家山文星塔	安康市旬阳县	
98	旗杆山文星塔	安康市旬阳县	
99	赵湾圆通寺石塔	安康市旬阳县	
100	东明庵舍利塔	安康市旬阳县	
101	青山寺舍利塔	安康市旬阳县	
102	殿沟庙舍利塔	安康市旬阳县	

续表

序号	名称	地点	备注
103	体明尼师塔	安康市旬阳县	又称殿沟石塔
104	后塔梁石塔	安康市旬阳县	
105	前塔梁石塔	安康市旬阳县	
106	石王庙石塔	安康市旬阳县	塔刹无存
107	双塔寺塔	安康市白河县	塔顶残毁
108	蜡烛山石塔	安康市白河县	已毁
109	离尘寺僧人塔	安康市汉阴县	含2座
110	后坝佛塔	安康市汉阴县	
111	中坝佛塔	安康市汉阴县	塔刹无存
112	吴家寨木塔	安康市石泉县	
113	藏文禅师舍利塔	安康市宁陕县	
114	观音山舍利塔	安康市宁陕县	
115	贾营石塔	安康市宁陕县	又称田坝石塔
116	油坊沟石塔	安康市宁陕县	
117	塔儿坪石塔（舍利塔）	安康市宁陕县	
118	塔儿梁舍利塔	安康市宁陕县	2座
119	塔坪舍利塔	安康市宁陕县	2座
120	雷家沟舍利塔	安康市宁陕县	
121	宝塔坪舍利塔	安康市宁陕县	
122	莲花寺舍利塔	安康市宁陕县	
123	天府寨石塔	安康市宁陕县	
124	金峰禅师塔	安康市宁陕县	
125	莲花台僧人墓塔	安康市平利县	
126	观音堂僧人墓塔	安康市平利县	
127	八龙庙舍利塔	商洛市丹凤县	2座
128	庙沟石塔	商洛市山阳县	
129	宝峰塔	商洛市山阳县	又名安家门塔

续表

序号	名称	地点	备注
130	铁瓦殿明清僧人舍利塔	商洛市山阳县	2座
131	念功塔	商洛市镇安县	
132	佛骨灵牙宝塔	延安市宝塔区	又名阳湾石塔
133	清静正法明王如来佛塔	延安市宝塔区	
134	万佛岩砖塔	延安市子长县	
135	松岩禅师塔	延安市子长县	
136	南禅寺塔	延安市子长县	
137	狗头山石塔	延安市子长县	
138	东阁楼村塔	延安市宜川县	
139	西阁楼村塔	延安市宜川县	
140	柴寸村文昌阁塔	延安市宜川县	
141	下汾川村风水塔	延安市宜川县	
142	下北赤村文峰塔	延安市宜川县	五级神龛内有砖佛一尊，有附属建筑魁星楼、龙王庙各一座
143	王庄村文峰塔	延安市黄龙县	
144	无量祖师塔	延安市洛川县	又名董村僧人墓塔
145	辽空塔	延安市洛川县	
146	统将村魁星楼	延安市洛川县	
147	张家河魁星楼	延安市延川县	
148	文安驿魁星楼	延安市延川县	
149	白骨塔	延安市富县	
150	昉公塔	延安市富县	已残，塔刹无存
151	宝严院塔	延安市富县	
152	杨兴墓塔	延安市富县	塔刹无存，该塔造型在陕西古塔造型中为孤例
153	石湾古塔	延安市志丹县	现存砖塔8座
154	草垛湾双塔	延安市志丹县	
155	马家河塔	延安市志丹县	

续表

序号	名称	地点	备注
156	赵石畔石塔	延安市志丹县	
157	宁赛城祖师庙塔	延安市吴旗县	
158	古塔寺塔	榆林市榆阳区	
159	三圣寺喇嘛塔	榆林市榆阳区	
160	三圣寺僧人舍利塔	榆林市榆阳区	
161	青云寺万佛塔	榆林市榆阳区	当代重修
162	黄甫石塔	榆林市府谷县	
163	凌云塔	榆林市佳县	
164	宝台寺塔	榆林市绥德县	
165	合龙山塔	榆林市绥德县	
166	兴善寺普同塔	榆林市绥德县	
167	万灵寺多宝塔	榆林市横山县	
168	清凉寺喇嘛塔	榆林市横山县	又称林孝塔
169	法云寺舍利塔	榆林市横山县	4座
170	王皮庄响铃塔	榆林市横山县	
171	天王塔	榆林市米脂县	又名师祖庙塔
172	大坟滩陵塔	榆林市	
173	班禅庙塔	榆林市神木县	

后 记

　　2013年的春天，陕西省文物保护研究院与西安建筑科技大学建筑学院建筑历史与理论教研室合作开始了陕西境内现存古塔的田野调查与信息记录工作。根据古塔自身的形制特点和保存现状的不同，我们采用了三维激光扫描、摄影测量和传统手工测绘等不同的信息记录方法，前后历时近两年。然后是近一年的本书撰写与相关研究工作。

　　不论是在通衢闹市，或是乡间山野，我们都是全力投入，完成每一次的田野调查与测绘工作。在内业阶段，搜求与爬梳大量历史文献，绘制测绘图纸，斟酌文字，以期全面、翔实与科学地记录矗立在陕西大地上的这些珍贵的古塔，并为古塔后续的日常监测和管理、地质勘查与保护维修及更为深入的相关研究奠定坚实的基础。

　　本书付梓之际，感谢陕西省文物局、陕西省文物保护研究院诸位领导的指导与大力支持，感谢文化遗产研究中心与建筑历史与理论教研室各位同仁、师生的通力协作，感谢陕西省各市县文管所的积极配合，感谢陕西省文物保护研究院韩建武副院长为本书撰写前言，感谢各界专家给予指导与建议。

　　感谢中国建筑工业出版社王莉慧副总编辑、戚琳琳主任和率琦编辑的全力配合与辛勤付出。

　　本书疏漏和不足之处在所难免，恳请各方专家、广大读者批评指正。

陕西省文物保护研究院　张　炜
西安建筑科技大学建筑学院建筑历史与理论教研室　岳岩敏
二〇一五年冬于西安